El factor Borges

El factor Borges

ALAN PAULS

LITERATURA RANDOM HOUSE

Papel certificado por el Forest Stewardship Council®

Penguin
Random House
Grupo Editorial

Primera edición: febrero de 2022

Printed in Spain – Impreso en España

ISBN: 978-84-397-3647-9
Depósito legal: B-17.764-2021

Impreso en Unigraf (Móstoles, Madrid)

RH 3 6 4 7 9

Prólogo

Pese a lo que promete su título, este libro no es una novela de secretos y espías. Es un ensayo de lectura: un manual de instrucciones para orientarse (o extraviarse sin culpas) en una literatura. Y, sin embargo, en el fondo de esa práctica sigilosa que llamamos leer, ¿no hay acaso la ilusión, el vicioso designio de entablar con un libro, una obra o un autor esa relación de aventura y suspenso —hecha de incursiones nocturnas, cerrojos burlados y claves robadas— que conocemos de lejos bajo el nombre de espionaje? Hace mucho que las páginas de los libros dejaron de ofrecérsenos pegadas; anacrónicos —difícil imaginar un objeto más pasado de moda—, los cortapapeles sobreviven a duras penas como *souvenirs* de comarcas turísticas fraudulentas. Pero ¿leer no es, no sigue siendo siempre desgarrar, entrometerse, irrumpir en un orden sereno, satisfecho de sí, devoto del silencio, las puertas entornadas y las persianas bajas? ¿Y no es cierto acaso que el apellido Borges, además de designar al escritor más unánime de la historia de la literatura argentina, también identificó durante décadas una marca de cajas de seguridad, famosa por su eficacia a la hora de atesorar?

Buscar en Jorge Luis Borges el *factor Borges*, la propiedad, la huella digital, esa molécula que hace que Borges sea Borges y que, liberada gracias a la lectura, la traducción, las múltiples formas de resonancia que desde hace más o menos cuarenta años vienen encarnizándose con él y con su obra, hace también que el mundo sea cada día un poco más borgeano: ése fue el propósito original de este libro. ¿Había alguna posibilidad de *no* fracasar?

Es evidente que no hay *un* elemento Borges sino muchos y que todos son fatalmente históricos, acotados como están por la ceguera de los horizontes de ideas y valores que fueron estableciéndolos. Aun así, este libro decidió tomarse a pecho su destino fallido y salió tras la pista de algunas de esas marcas distintivas, buscándolas no sólo en la letra de los textos de Borges, donde aconsejan exhumarlas las lecturas «serias», sino también en su voz, su cuerpo y sus «maneras», y en esa especie de dimensión paralela, a la vez íntima y exhibicionista, privada y teatral (entrevistas periodísticas y tarjetas postales, conferencias y cartas, registros radiofónicos y oscuros folletos publicitarios), donde se movía a sus anchas no exactamente el sujeto Borges sino lo que podríamos llamar su *figura:* el Borges *on stage*, en quien convergen y se funden un ADN literario inconfundible, una o muchas biografías y un sofisticado dispositivo de puesta en escena; sin ir más lejos, el Borges que exasperaba a progresistas a fuerza de anacronismos indignos, el que defraudaba a intelectuales entregándose a los rituales de la comunicación de masas, el que hechizaba a públicos que jamás lo habían leído con el mero influjo de su imagen de prócer cultural.

Este libro va y viene entre esas dos dimensiones, explorando la zona inestable donde los secretos de la intimidad se dejan contagiar por las evidencias de lo público y la espuma frívola del mundo social por la letra autosuficiente de la literatura. Tal vez ahí empiecen a aparecer los verdaderos Borges inesperados, capaces de poner a distancia, ironizar o aun refutar buena parte de los estereotipos con los que estamos acostumbrados a confundirlo. Tal vez así, de golpe, el tímido y desinteresado ratón de biblioteca se transforme en un estratega tortuoso; el anglófilo deje su torre de marfil y baje a entintarse los dedos a la arena caliente del periodismo; el escritor para *élites* abrace la cultura bastarda de la divulgación; y el centinela de la originalidad, sin el menor asomo de rubor, confiese ser ni más ni menos que un consumado artista del robo. Y tal vez así leer vuelva a tener el vértigo de la infracción.

Uno

Un clásico precoz

A mediados de los años veinte, en pleno furor vanguardista, Jorge Luis Borges rejuvenece. El fenómeno ya asombraría si fuera físico o de ánimo, pero encima es civil, y al menos cuatro testimonios de la época lo registran: una página de *Crítica*, el diario más popular del país; otra de *Martín Fierro*, la revista literaria de moda; un compendio de poesía nacional (*Antología de la poesía argentina moderna*); una carta personal de Borges a Alfredo Bianchi, uno de los directores de la revista *Nosotros*. En las cuatro ocasiones, Borges declara haber nacido en **1900**.

La mentira es tenue (Borges nació en 1899), pero por cuadruplicado suena calculada, frívola y sobre todo un poco irrelevante: Borges es un

1900   Amigo Bianchi: He nacido el año mil novecientos en Buenos Aires, en la entraña de la ciudad (calle Tucumán esquina Esmeralda). He viajado por Inglaterra, España, Portugal, Villa Urquiza, Montevideo, el Chubut y San Nicolás de los Arroyos. He surtido a la poesía argentina de almacenes y ponientes rosados, de inquietaciones metafísicas, de patios austeros y otro cachivacherío. [...] He fundado tres revistas bochincheras y fervorosas: dos *Proas* y un *Prisma* que fue revista mural y honró las paredes.

Lo saluda muy cordialmente

Jorge Luis Borges

escritor joven, no una corista para andar sacándose años de encima. Sin embargo, hacia 1926 o 1927, la época en que adultera sigilosamente el pasado, Borges ya lleva reunidos todos los requisitos que la juventud exige para convertir a un vanguardista en un anciano precoz. Ha destruido dos **exabruptos** de juventud; ha publicado dos libros de versos (*Fervor de Buenos Aires, Luna de enfrente*), dos de ensayos (*El tamaño de mi esperanza, Inquisiciones*), y sembrado la prensa porteña de intervenciones mordaces, poemas y reseñas. Pasó toda su adolescencia en Ginebra, donde se educó y se volvió políglota, pero sobre todo ha vivido en España, la patria que le proporcionó su primer maestro (Rafael Cansinos Assens), la primera versión de una bohemia literaria y las primeras pendencias de un movimiento de vanguardia (el ultraísmo).

De vuelta de todo, Borges, en Buenos Aires, ya es un profesional del *dernier cri*. Daría su reino por una metáfora; sintoniza las sofisticaciones del

Exabruptos Borges, "reaccionario" célebre, disimuló durante décadas dos pasados pecaminosos. En uno (que mal que mal consigue filtrarse en sus primeros textos canónicos) fue un nacional-populista ferviente, un revoleador de ponchos, un partidario de Juan Manuel de Rosas y del primer radicalismo de Irigoyen. El otro —un Borges rojo, allegado al Kremlin— fue durante mucho tiempo casi inconcebible. "En España [*circa* 1920] escribí dos libros", cuenta en su *Autobiografía*. "Uno se llamaba (ahora me pregunto por qué) *Los naipes del tahúr*. Eran ensayos literarios y políticos (todavía era anarquista, librepensador y pacifista) escritos bajo la influencia de Pío Baroja. Querían ser amargos e implacables pero, en realidad, eran bien mansos. Recurrí a palabras como 'estúpidos', 'meretrices', 'embusteros'. No habiendo conseguido quien lo editara destruí el manuscrito cuando volví a Buenos Aires. El otro libro se titulaba *Los salmos rojos* o *Los ritmos rojos*. Era una colección de poemas —quizás veinte— en verso libre en alabanza de la Revolución Rusa, de la fraternidad y del pacifismo. Tres o cuatro de ellos aparecieron en revistas (*Épica Bolchevique, Trincheras, Rusia*). Este libro lo destruí en España en vísperas de mi partida".

pensamiento europeo con el idioma íntimo del criollismo; repite a Berkeley, a Hegel, a Schopenhauer, mientras escribe *cordobesada bochinchera, bondá, incredulidá, esplicable*. Descree de todo lo que sea *directo:* escribir es inventar rodeos preciosistas, circunloquios, disfraces que sorprendan: "Su destreza en arrear fuertes rebaños de versos trashumantes...". Y, sin embargo, a la hora de ganar tiempo, Borges se cuida mucho de abusar. Es discreto, sagaz, de una eficacia frugal. Gana lo justo: un año. Exactamente el año que le hace falta para haber nacido *con el siglo*.

Por modesta o superflua que parezca, la Operación Rejuvenecer satisface las condiciones que debe reunir todo ardid para llamarse *borgeano*. Es una intervención sobre el pasado, la prueba doméstica de que el tiempo, lejos de ser una flecha irreversible, está hecho más bien de pliegues y repliegues, de anacronismos, de pequeños milagros retrospectivos. Es una intervención *mínima*, sin alardes, decididamente antiespectacular: como las jugadas más elegantes del ajedrez, moviliza un mínimo de fuerzas para obtener un máximo de efectos, y en ese sentido podría ser el paradigma absoluto del *estilo:* cambiar el mundo tocándole apenas una coma. Y es una intervención ligeramente *delictiva*: alterando la letra de lo que ya estaba escrito, Borges busca borrar un destino fatal y suplantarlo mágicamente por otro, deliberado y coyuntural, moldeado sobre las necesidades del presente. Cambiar 1899 por 1900: difícil pensar otra manera de hacer tanto con tan poco. El año que Borges gana para su biografía es exactamente el año que necesita para ser moderno.

Ahora bien: ¿por qué alguien como Borges, que en 1926 *es* la modernidad, se ve obligado a ejecutar un gesto tan significativo? Siguiendo una lógica estrictamente borgeana, uno de cuyos axiomas asegura que *lo que es no necesita declararse*, esa quita de tiempo debe leerse, en realidad, como un exceso, algo que está de más: un *énfasis*. Precisamente la clase de sobreactuación de la que el mismo Borges se burla en el prólogo que escribe para la reedición de 1969 de *Luna de enfrente* (1925): "Hacia 1905, Hermann Bahr decidió: *El único deber, ser moderno.* Veintitantos años después, yo me impuse también esa obligación del todo superflua. Ser moderno es ser contemporáneo, ser actual; todos fatalmente lo somos". Casi medio siglo después de haberlos cometido, Borges ironiza sobre dos pecados de juventud, dos entusiasmos que tal vez sean uno solo: haberse propuesto ser moderno; haberse propuesto ser argentino. Más adelante (véase Tres) se explorará esa teoría del énfasis y el pudor que Borges siempre lleva consigo cuando sale, y con la que prácticamente mira y lee todos los signos de la cultura. Por ahora alcanza con esto: cada vez que detecta alguna manifestación de énfasis (una afectación, un subrayado, cualquier cosa que parece *gestualizar* el lenguaje en una impostura), lo que Borges detecta es un síntoma, la huella que delata una crisis, una situación de tensión, un estado de cosas conflictivo. ¿Por qué, pues, el joven Borges no se conformaría con ser moderno? ¿Por qué querría también parecerlo?

Puede que Borges, por entonces, ya haya empezado a pensar que es otra cosa que un moderno. Quizá ya esté *viendo* su propia modernidad y distinguiéndose de ella; quizá gracias a esa mínima distancia con su propio presente ya esté empezando a despegarse del ensimismamiento que caracteriza a la vanguardia; y quizás

—demasiado consciente de su actualidad, pero ya instalado en la tierra de nadie donde lo arroja por primera vez una mirada *histórica*— se arrepienta y decida que no, que no quiere desprenderse de ella, y se aferre entonces al signo más flagrante de lo moderno —la cifra del siglo— como a una garantía de predestinación. Tal vez nacer, o renacer, pero esta vez al mismo tiempo que el siglo, fuera para Borges un antídoto contra la inesperada fragilidad, contra las flaquezas, quizá contra el hastío de ser moderno. Comoquiera que sea, lo que el énfasis borgeano delata es que todo el problema estaba en ese año: 1899.

1899 sobraba. Para Borges, que respondía puntualmente a cada solicitud del siglo XX, ese año debió de ser un lastre, un resto extraño. O una negligencia divina. Si no fuera por 1899 habría nacido con el siglo. ¡Había estado *tan* cerca! Y sin embargo... Ese estigma, ese año de más, era lo que todavía lo unía al siglo XIX: una suerte de aguijón que hubiera quedado clavado ahí, en el territorio puro del pasado, y que de algún modo siguiera "comunicando" al Borges vanguardista, cosmopolita, frenético de metáforas y de estandartes, con una dimensión de la experiencia y la cultura a la vez más provinciana y más épica, más remota y más íntima. 1899 es lo que queda *en* Borges de un siglo perdido. Un mundo en el que prácticamente los mismos personajes protagonizan la historia de la patria y la genealogía familiar; un mundo épico, donde la pampa es un campo de batalla y una esquina de barrio el decorado de un duelo a cuchillo; un mundo con tradiciones autosuficientes, sin dilemas de identidad, seguro de sí; un mundo dicho, conversado o entonado, que condesciende a la escritura pero que no parece necesitarla; un mundo casi inmóvil, que habla en voz baja y actúa con desgano, reconfortado por su propia indolencia. Es el mundo del siglo xix, el siglo "de los mayores", el siglo *criollo*, y está perdiéndose para siempre. Ya en 1925 Borges pone el grito en el cielo y acusa "el trance por el cual hoy pasamos todos: el del criollo que intenta descriollarse para debelar este siglo". El "enemigo" es el progreso; los alambrados "encarcelan" la pampa, los gauchos se quebrantan, el criollo desemboca fatalmente en el ejército, el vagabundeo o la picardía; "nuestra ciudad se llama Babel"; una nueva movilidad inquieta "la visión lineal" de Buenos Aires: "ya la República se nos extranjeriza, se pierde". Michelet, historiador de la Revolución Francesa, decía que toda época sueña la siguiente. Contradiciendo a la vez la idea y su optimismo, Borges se lamenta: todo siglo olvida y pierde al anterior.

Quizás eso sea el énfasis: una suerte de gesto reactivo, un poco maníaco, que se defiende de cierto dolor reemplazándolo por la euforia. Borges, acelerando el olvido, bloquea la experiencia de la pérdida (un siglo: todo el siglo xix) con una súbita compulsión de ganar (un año, todo el siglo xx). La instancia es clave y tiene una densidad notable: Borges se asoma al siglo xix en el preciso momento en que el siglo se pierde, y en el mismo instante en que se asoma a él, en que experimenta su atracción y su vértigo, reacciona sacándose un año, tratando de extirparse el resto que ese siglo moribundo ha dejado en él. Pero ese famoso año, ¿lo gana o lo pierde? La respuesta sólo puede ser paradójica: lo gana perdiéndolo, lo pierde al ganarlo. Y es paradójica *porque* es moderna: porque apunta a la herida y la melancolía que habitan el corazón de todo entusiasmo. La mística criolla de la "patria chica" no se opone a la mística de la "nueva sensibilidad"; en todo caso, a mediados de los años veinte, es uno de sus materiales más productivos. Pero en la experiencia de la pérdida, Borges parece descubrir algo más, o algo distinto, de lo que exaltan y promueven sus colegas vanguardistas de *Proa* o de *Martín Fierro*. Encuentra una *nostalgia*: la emoción de *no poder volver* a ese modesto paraíso perdido.

Sólo que 1899, el año que se saca de encima, es en realidad el cuerpo del delito: la evidencia de que esa dimensión a la que le es imposible regresar es al mismo tiempo una dimensión a la que Borges *nunca perteneció*. Esa resonancia paradójica (¿cómo volver allí donde nunca se estuvo?) persiste en una de las frases más exitosas del dispensario de aforismos borgeanos: **"Sólo se pierde lo que realmente no se ha tenido"**. A los 27 años, Borges comprende que no basta con "no tener" (no haber vivido la patria chica); que es preciso "perder" (experimentar la nostalgia). Porque perder no es una fatalidad sino una construcción, un artefacto, una *obra:* algo que requiere tanto cuidado y dedicación como un verso o una argumentación literaria. Para "no

Sólo se pierde lo que realmente no se ha tenido La cita es del ensayo "Nueva refutación del tiempo", de 1947, una de las muchas contribuciones de Borges a la fama de la eternidad, y argumenta que para que haya signo hace falta que la cosa se pierda, pero que no hay signo que no sea el recuerdo, la resurrección de la cosa, y hasta su posesión. El mismo razonamiento reaparece casi cuarenta años más tarde en "Posesión del ayer", una prosa breve incluida en *Los conjurados* (1985), el último libro publicado por Borges: "Sé que he perdido tantas cosas que no podría contarlas y que esas perdiciones, ahora, son lo que es mío. Sé que he perdido el amarillo y el negro y pienso en esos imposibles colores como no piensan los que ven. Mi padre ha muerto y está siempre a mi lado. Cuando quiero escandir versos de Swinburne, lo hago, me dicen, con su voz. Sólo el que ha muerto es nuestro, sólo es nuestro lo que perdimos".

tener" sólo hacen falta un estado de cosas desfavorable, una injusticia, una desgracia. Es apenas el primer paso. Perder, en cambio, sólo pierden los artistas, que por medio de la nostalgia convierten en mito todo aquello que no tienen. Y Borges, hasta entonces confiado en el porvenir, decide ahora apostar todo a la pérdida. El siglo XIX (la Argentina premoderna, la de la pampa, los gauchos, el barrio y la intimidad sin intrusos) deja de ser un material versificable y pasa a ser otra cosa, algo a la vez más perturbador y más reconfortante: una especie de *infancia imposible*, el mundo del que Borges, alguna vez, fue **desterrado**.

Entre mediados de los años veinte y 1930, Borges cambia. Cambia de posición, de mirada, de "actitud literaria", y vuelve a cambiar el pasado, o más bien la *imagen* del pasado. Ya no huirá de él como antes, cuando se rebajaba la edad; ahora va a glorificarlo como la patria de la que fue expulsado. Borges, que todavía no tiene 30 años, empieza a construirse una nueva figura de escritor. Deja de pensarse en la proa del siglo, renuncia al mesianismo vanguardista, se añeja en vez de rejuvenecer. No se ve como un joven "inquieto y descontento"; se ve como un *sobreviviente*. Ya no piensa en escribir algo por primera

Desterrado Mucho tiempo después, en 1968, cuando el siglo de pertenencia de Borges no parecía ser un dilema para nadie, Fernando Sorrentino, uno de los muchos interrogadores profesionales que se lo disputaron en los últimos años, le dio la oportunidad de corregir otra vez el pasado. "¿Cuándo y dónde nació Jorge Luis Borges?", le preguntó, con esa facilidad para la tercera persona que tienen los periodistas deportivos. Borges no desaprovechó la ocasión. "Nací el día 24 de agosto del año 1899. Esto me agrada porque me gusta mucho el siglo XIX; aunque podríamos usar como argumento en contra del siglo XIX el hecho de haber producido el siglo XX, que me parece algo menos admirable".

vez, algo que nadie haya escrito antes, sino algo que pueda ser *leído* dos veces. Es el gran valor sintomático que cobra su gesto de sacarse un año: el momento en que Borges se propone nacer con el siglo XX coincide con el momento en que se despide de él. Borges empieza a desplegar todos los elementos necesarios para fabricarse una nueva identidad de escritor.

Parte de esa delicada manufactura puede leerse, no demasiado entre líneas, en el libro sobre **Evaristo Carriego**, que Borges empieza a escribir en 1929, envalentonado por los tres mil pesos del segundo premio municipal que viene de ganar con los versos de *Cuaderno San Martín*. Es uno de los dos libros en los que Borges inventa, define, escribe e impone la experiencia de la pérdida como mito de fundación. (El otro es *El idioma de los argentinos*, de 1928. Véase Cuatro). Escribe sobre un poeta

Evaristo Carriego Autor de *Las misas herejes*, *El alma del suburbio* y *La canción del barrio*, amigo personal del padre de Borges, Carriego (1883-1912) "fue el hombre que descubrió las posibilidades literarias de los decaídos y miserables suburbios de la ciudad: el Palermo de mi infancia. Su carrera siguió la misma evolución del tango: arrollador, audaz y valeroso al principio, luego convertido en sentimental. En 1912, cuando tenía 29 años, murió de tuberculosis, dejando un solo libro publicado. Recuerdo que el ejemplar, dedicado a mi padre, fue uno de los diversos libros argentinos que habíamos llevado a Ginebra y que yo allí leí y releí". Sin embargo, cuando decide escribir sobre él, su madre y su padre, que tenían en mente una terna de candidatos más conspicua (Almafuerte, Lugones, Ascasubi), le objetan que sus poemas no son buenos. "'Pero era un amigo y era vecino nuestro', les dije". Poeta menor, popular, subliterario, Carriego encaja perfectamente en el plan "recuperador" de Borges. (Hay otra razón, tal vez más melodramática, para que Borges se aboque a él. En 1909, Carriego, que suele visitar la casa de los Borges, le dedica un poema a Leonor y lo deja anotado incluso en su álbum personal. Hay una alusión a Borges en la dedicatoria: "Y que vuestro hijo marche adelante, llevado por las esperanzadas alas

perdido (Carriego), que a su vez escribió sobre un barrio perdido (el Palermo de los cuchilleros), que a su vez representó a un país perdido (la Argentina de fines del siglo XIX). Pero la prosa de Borges no tiene una pizca de melancolía. El *Carriego* es un libro de arqueología militante, que sólo exhuma reliquias del pasado para redefinir una tradición y hacerla intervenir en el presente, para defender una idea de la literatura y una posición literaria y para construir una figura de escritor. A través de Carriego, Borges reivindica la tradición de la milonga, el truco, el duelo de compadritos, el velorio barrial, *lugares comunes* que ponen en escena una manera conversada —a veces indolente, otras violenta, pero nunca sentimental ni quejumbrosa— de

de la inspiración, hacia la vendimia de una nueva enunciación, que de los altos racimos extraerá el vino del canto". Así, con el libro sobre Carriego, Borges también retribuye esa antigua confianza y salda, de algún modo, la deuda que el poeta lo obligó a contraer cuando lo predestinó a la poesía). Es el poeta que mitologizó el Palermo de fines del siglo XIX, es decir: todo aquello que Borges no llegó a vivir, lo que perdió y lo que nunca dejará de añorar. No tiene prestigio alguno, lo que de por sí justifica la tarea de Borges, que está en condiciones de dárselo. Está a punto de ser olvidado, lo que convierte a Borges en el instrumento de su supervivencia. Libro que es pura nostalgia (Borges busca en los versos de Carriego un Palermo que ya Carriego, al escribirlos, tenía que hacer un esfuerzo para recordar), el *Evaristo Carriego* es un experimento borgeano temprano pero decisivo: es una invención formal (el libro zigzaguea entre géneros que no necesariamente se caen simpáticos: biografía fallida, ejercicio de historia o de antropología urbana, manualcito de crítica literaria, ficción que vacila, colección de cuadros de costumbres), y lo que inaugura es una manera específicamente borgeana —interesada, instrumental, decididamente estratégica— de leer, de pensar, de escribir sobre los otros. Borges escribe sobre Carriego porque Carriego le sirve; lo usa para distinguirse, para definir posiciones literarias e intelectuales, para intervenir en la bolsa de valores artísticos, para construir —a través de Carriego— su propia imagen de escritor.

ser argentino. El Carriego de *La canción del barrio*, además, le sirve para postular que la literatura (la belleza, lo poético, esa suspensión de la vida) debe buscarse en los momentos *no literarios* de la cultura popular: un dicho intercalado en una mano de truco, una entonación de milonga, un lema, o en las famosas inscripciones en los carros donde Borges, que se define entonces como un "cazador de escrituras", rastrea las "desinteresadas yapas expresivas" del suburbio. Y por medio de Carriego, finalmente, Borges diseña la clase de escritor que se propone ser, que ya está siendo, con extraordinaria precocidad, a fines de la década del veinte: un escritor "modesto", opaco y abstinente, alguien que ha canjeado el estrépito de la "nueva sensibilidad" por la naturalidad de las entonaciones populares, el prestigio de lo singular por la gracia reticente de lo común, la veleidad de ser original por la vocación de ser anónimo. Anónimo, repetido por todos y para siempre, inmortal: un **clásico**, como el suburbio.

Para Borges, que todavía no tiene 30 años, ser un clásico es poder ser todo para todos, ser "capaz de casi inagotables repeticiones, versiones, perversiones". Y

Clásico   Hay dos sentidos en los que a Borges le gusta plantear la cuestión del clásico. En uno, que se filtra con algún sigilo en el ensayo "La postulación de la realidad" (1931), Borges sigue una tradición relativamente consensuada y entiende que "clásico" es un tipo específico de escritor —opuesto a "romántico"—, cuya práctica presenta algunos rasgos más o menos constantes y diferenciales: el rechazo de la expresividad, la confianza en el valor de la omisión, el gusto por lo mediato y lo abstracto, la concentración de grandes densidades significativas en pequeños detalles circunstanciales. Y una fe que es casi un programa político: la creencia de que "una vez fraguada una imagen, ésta constituye un bien público". Aceptar que ese compendio de rasgos define a un clásico es aceptar,

toda su obra seguirá al pie de la letra esa lógica de uso, relectura y transformación que preside la formación de un clásico. Su originalidad, que delata también el grado de autoconciencia, la capacidad estratégica, el control que ejerce sobre su propia gestión literaria, consiste en que Borges pone en práctica *en el interior* de su obra los mecanismos de un proceso (el advenimiento a la categoría de clásico) que tradicionalmente es *exterior* a la obra, o que al menos se despliega en la relación entre una obra y todo lo que *no* es ella: público, crítica, academia, opinión pública, sucesión generacional, políticas culturales, etcétera.

Aunque parezca paradójico, el primer paso para adueñarse de esa nueva identidad es un repliegue, un cierto retiro, una deflación personal; en otras

obviamente, que Borges, ya a principios de los años treinta, es un clásico. El otro sentido, que dejó marcas profundas en la cultura literaria argentina contemporánea, es más personal, más polémico, y hasta puede contradecir un poco al primero. Borges se pregunta *cómo se forma un clásico*, cómo un libro en especial —uno entre otros— pasa a transformarse en un monumento de sentidos, inagotable y ejemplar a la vez, que ordena toda la literatura, la cultura y el sistema de ideas de un país. La respuesta de Borges está brevemente resumida en un ensayito de principios de los años cincuenta, "Sobre los clásicos", pero toda su obra —los ensayos tanto como la ficción o la poesía— no hace más que desplegarla, experimentarla y reproducirla sin cansarse, como si fuera uno de los principios que la mueven. Un clásico, dice Borges, no es un libro dotado de ninguna característica o mérito peculiares. No hay nada en el *Martín Fierro* (ningún rasgo, ni marca, ni truco, ni atractivo, ni verdad *internos*) que haya permitido que el libro de José Hernández, en las primeras décadas de este siglo, se convirtiera para la cultura argentina en lo que la *Ilíada* y la *Odisea* son para la cultura occidental. "Clásico", razona, "es aquel libro que una nación o un grupo de naciones o el largo tiempo han decidido leer como si en sus páginas todo fuera deliberado, fatal, profundo como el cosmos y capaz de interpretaciones sin término". Borges invierte los términos corrientes del problema: desaloja la verdad clásica del campo de las propiedades "objetivas" de un libro y sale a buscarla

palabras, una política de la *modestia*. Borges, que nunca es tan ambicioso como entonces, adopta para sí la misma cualidad de impersonalidad, la misma "tasa de anonimato" que reconoce y admira en las narrativas de género, en los dichos populares, en las formas simples, los lugares co-

afuera, en la relación entre un libro y sus contextos, en las maneras en que una cultura lee, se apropia y asigna valores a lo que lee. Así, la cuestión de los clásicos es, en Borges, apenas el momento crítico de un problema mucho más general: el problema del *valor* literario y el de su *historicidad*. Borges sostiene que el valor de una obra no es *intrínseco*, no está contenido en ella ni es su propiedad; el valor es fruto de una valoración: es algo que se da, se concede, se asigna. Y la lectura es el agente principal de ese trabajo de asignación de valor.

munes, las metáforas canónicas, y en las que cree encontrar uno de los secretos de su circulación ilimitada, de su capacidad de variación y reproducción, de su inmortalidad. El eclipse del yo como condición necesaria para la constitución de un clásico: borrado el autor, la obra puede ser, como escribe Borges del *Martín Fierro*, comparándolo nada menos que con la Biblia, "todo para todos".

De ahí que Carriego sea, una vez más, el objeto adecuado: alguien que parece realizar el sueño del grado cero de la autoría, que más que una voz propia, **original**, identificable, es el porta-voz de una música social, cuya principal virtud consiste en estar en boca de todos: la música de Palermo. Carriego es el emblema literario de esa "nadería de la personalidad" que Borges, asistido

Original En un sentido, Carriego es un *artista sin obra*, una categoría fundamental para entender el modo en que Borges concibe la práctica artística. Hay dos clases de artistas sin obra. Una es la que representa, inmejorablemente, Macedonio Fernández, cuya obra escrita era para Borges muy inferior a la oral, a esa especie de "obra alternativa", furtiva y perecedera, que Macedonio llevaba

por Schopenhauer, había ensalzado ya en sus ensayos juveniles de *Inquisiciones*. Borges elige y se asoma a Carriego como a un espejo que adelanta, para ensayar y construir en él su propia identidad futura. Carriego es su campo de pruebas, su laboratorio, su maqueta. En 1950, en un prólogo que escribe para una edición de las *Poesías completas* de Carriego (y que después incorpora a una reedición del *Evaristo Carriego*), a cabo con su mera *presencia,* con su personalidad, con la puesta en escena de su pensamiento. La que incluye a Carriego (y, en el otro extremo del espectro, a Pierre Menard, y sin duda a Borges, en especial a ese extraordinario *lector* que hay en Borges) es de otra naturaleza; sus miembros son menos autores de obras que de *decisiones* artísticas. Lo que hacen —lo que los define, aquello por lo que, si tienen suerte, serán recordados— no tiene la consistencia ni la materialidad de un conjunto de libros; es algo más puntual, más instantáneo, en un sentido más zen: producen *primeras veces.* Llaman la atención sobre algo que hasta entonces nadie había advertido; apuntan, señalan, recortan algo de su contexto y lo vuelven visible: *descubren.* Borges se da el lujo de describir una escena que nunca vio, que incluso ni siquiera le contaron. En algún momento de 1904, Carriego, en una casa de la calle Honduras, lee "con pesar y con avidez" a Alejandro Dumas. "Con avidez", dice Borges, "porque Dumas le ofrecía lo que a otros ofrecen Shakespeare o Balzac o Walt Whitman, el sabor de la plenitud de la vida; con pesar porque era joven, orgulloso, tímido y pobre, y se creía desterrado de la vida. La vida estaba en Francia, pensó, en el claro contacto de los aceros, o cuando los ejércitos del Emperador anegaban la tierra, pero a mí me ha tocado el siglo XX, el tardío siglo XX, y un mediocre arrabal sudamericano...".

Uno solo de los rasgos que le atribuye a Carriego bastaría para deducir que Borges sólo habla de sí mismo. Todos juntos —ser un habitante de Palermo;

ser joven, orgulloso, tímido; encontrar la plenitud de la vida en un libro extranjero; sentirse un desterrado; pensar que la vida está en el contacto de los aceros; lamentar el siglo y el lugar que le han tocado en suerte— dibujan un autorretrato escandaloso. Borges termina de precisar en 1950 la imagen de sí que buscaba a fines de los años veinte en la biografía de Carriego: el exiliado, el que querría estar siempre en otra parte y otro tiempo, el que se ha resignado a un destino que otros decidieron por él. El Borges vanguardista, abanderado del siglo XX, capaz de robarse un año para mimetizarse con su tiempo, ha sido reemplazado por otro, anacrónico y discreto, casi invisible: un náufrago del pasado que un azar desfavorable arrojó a las costas estrepitosas del presente. *Un escritor de otro tiempo*, alguien que se obstina en recortar su obra (o juega, más bien, a empalidecerla) sobre el fondo de todo lo que no le fue dado, *todo lo que no le tocó*, todo lo que la historia de este "mediocre arrabal sudamericano" decidió negarle. Como el francés de Dumas y las aventuras de D'Artagnan para Carriego, el siglo XIX encierra, para el desterrado en el que Borges trata de convertirse, el tesoro de una plenitud imposible: la tradición inglesa del padre, con su biblioteca y sus ídolos literarios, pero también la épica de sus mayores criollos, para quienes ser argentino "fue una misión"; el fragor de la acción, del "contacto de los aceros", del coraje; la gloria de los antepasados guerreros: el coronel Isidoro Suárez, Francisco de Laprida, Isidoro Acevedo... Ésa es la patria que Borges elige *no* haber tenido: la patria que se dedica a perder, incansablemente, a lo largo de toda su obra. Escribir, para el

Borges desterrado, ya no es una vocación y ni siquiera un destino: es apenas un consuelo, la compensación del destino viril con el que no fue honrado. Borges no "elige" la literatura; la literatura es lo único que queda después de que sus antepasados se han repartido las misiones, los destinos, las biografías. "Por ambas ramas de mi familia tengo ascendientes militares", escribe en su *Autobiografía*; "eso quizás explique mi añoranza por ese destino épico que los dioses me negaron, sin duda sabiamente". Esa condición *elegíaca* es decisiva para la identidad clásica de Borges: suspendido entre el mundo que añora (pero que nunca fue suyo) y el que le tocó (en el que no termina de acomodarse), Borges queda colocado en el *más allá* del anacronismo, en una posición de exterioridad que parece permitirle todas las posibilidades. Ese extraño sobreviviente de otra era —una era en la que nunca vivió— es el escritor más persistentemente contemporáneo que tuvo la cultura argentina del siglo xx.

Dos

Libros en armas

Con Adolfo Bioy Casares, las hermanas Ocampo (Victoria y Silvina) y algunos otros miembros del grupo de la revista *Sur*, Borges tiene un perfil de escritor algo anacrónico para los nuevos parámetros del siglo xx. En un país radicalmente transformado por la inmigración, cuyos primeros escritores profesionales ya lucen apellidos españoles o italianos, el culto de Borges por los antepasados criollos suena hoy como un ceremonial melancólico, a mitad de camino entre la protesta (por la alteración profunda que sufre la identidad argentina) y el desconsuelo (por la extinción de la Argentina "verdadera"). Mientras muchos de sus contemporáneos, hijos de los barcos, disimulan sus pasados europeos y apuestan a la virginidad del futuro, Borges es uno de los pocos escritores que sigue recurriendo al árbol genealógico como capital, como reserva de valor, como argumento de autoridad, y también como garantía de una cierta *condición* literaria. Sólo hay un título que acredita sin equívocos la posesión de la nacionalidad argentina: tener muertos en suelo patrio. Y Borges los tiene. Los tiene al extremo de que los nombres que amenizan su novela familiar son los mismos que nombran muchas de las calles de Buenos Aires: "Esta vana madeja de calles que repiten los pretéritos nombres de mi sangre: Laprida, Cabrera, Soler, Suárez. Nombres en que retumban (ya secretas) las dianas, las repúblicas, los caballos y las mañanas, las fechas, las victorias, las muertes militares". En ese sentido —la identificación de la genealogía familiar con la historia de la patria—, la experiencia borgeana del pasado (el modo en que Borges usa y *hace rendir* al pasado) pertenece más al pasado, al siglo XIX y a la generación del ochenta, que a ese presente en mutación, contaminado de diferencias y heterogeneidades, donde la experimenta y la despliega.

Ésa es, en rigor, *una* de las caras del pasado. Porque cada vez que evoca la tradición de sus ancestros, Borges aprovecha para dividirla en dos linajes distintos, a la vez opuestos y complementarios. El primero —el linaje militar, de la sangre y la guerra— le viene de la familia de su madre, Leonor Acevedo, y parece remontarse a la prehistoria de la conquista. "Tengo ascendencia de los primeros españoles que llegaron aquí. Soy descendiente de Juan de Garay y de Irala", se vanagloria. Y luego pormenoriza en su *Autobiografía*: "Su abuelo [el de Leonor] fue el coronel Isidoro Suárez, quien en 1824, a la edad de veinticuatro años, dirigió una famosa carga de caballería peruana y colombiana que decidió la batalla de Junín, la penúltima de las batallas de la Guerra de Independencia de América del Sur [...] Otro miembro de la familia de mi madre fue Francisco de **Laprida**, quien en

Laprida En el "Poema conjetural", Borges, siempre insatisfecho por no haber recibido un destino épico, pone en boca de Laprida, que está por morir, la confesión del drama exactamente inverso:

28

1816, en Tucumán, donde presidía el Congreso, declaró la Independencia de la Confederación Argentina; fue muerto en 1829 en una guerra civil.

> Yo que anhelé ser otro, ser un hombre de sentencias, de libros, de dictámenes, a cielo abierto yaceré entre ciénagas; pero me endiosa el pecho inexplicableun júbilo secreto. Al fin me encuentro con mi destino sudamericano.

El padre de mi madre, Isidoro Acevedo, aunque no era militar participó en guerras civiles".

El otro linaje es paterno, y es básicamente intelectual, libresco, anglófono. "Todo el lado inglés de la familia fueron pastores protestantes, doctores en letras, uno de ellos fue amigo personal de Keats". El **padre**, Jorge Guillermo Borges, era abogado, un anarquista discípulo de Spencer que enseñaba psicología en la Escuela Normal de Lenguas Vivas; dictaba sus clases en inglés, usando como libro de texto un pequeño volumen del filósofo pragmatista William James. El inglés lo atraviesa todo: no sólo su manera de pensar, sellada por el idealismo y el empirismo anglosajones (Berkeley, Hume, Royce, James), y su pequeño parnaso literario (Shelley,

Padre   Según la novela familiar que maquina en su *Autobiografía*, Borges siempre fue inmune a la insolencia, a la rebelión, a cualquiera de las formas civilizadas del parricidio. Fue un hijo agradecido. O tal vez habría que matizar y decir: *endeudado.* Desde muy temprano, todo se lo debe a su padre: los problemas de la vista, el prestigio de una heráldica literaria (el tío abuelo de Jorge Borges era Juan Crisóstomo Lafinur, "uno de los primeros poetas argentinos", y el abuelo materno un inglés llamado Edward Young Haslam, editor de "uno de los primeros periódicos ingleses" del país), la lengua y la literatura inglesas, la primera biblioteca, los rudimentos del pensamiento filosófico y, lo más importante, la misión, casi la *obligación* de escribir. Jorge Borges parece haber sido una suerte de diletante literario, malogrado por la falta de talento y la inconstancia. Escribió y publicó en 1921 una novela de temática entrerriana, *El caudillo,* y algunos poemas y traducciones. Destruyó un libro de ensayos, otro de cuentos orientales a la manera de *Las mil y una noches* y un drama titulado *Hacia*

Keats, Swinburne), sino también, y sobre todo, la mitad de su sangre. Borges padre era lo suficientemente anglófilo como para no tomarse demasiado en serio el objeto de su devoción: "Después de todo, ¿qué son los ingleses?", le gustaba preguntarse: "nada más que una turba de trabajadores rurales alemanes". Era el hijo menor de una inglesa de Staffordshire, **Fanny Haslam**, cuya carismática historia acapara discretamente los primeros recuerdos de la *Autobiografía* borgeana. Una mujer cortés, reservada y, según Borges, gran lectora. En materia de libros prefería estar a la moda antes que limitarse a venerar antigüedades: "Cuando había pasado los ochenta años, la gente solía decirle, para mostrarle amabilidad, que ya no había escritores como Dickens y Thackeray. Mi abuela

la nada, sobre "un hombre desilusionado por su hijo". Pero su ineficacia como escritor es proporcional a su eficacia como pedagogo, a su capacidad para legar como vocación lo que en él fue una cuenta pendiente. "Desde los tiempos de mi niñez, cuando lo atacó la ceguera, quedó tácitamente entendido que yo tenía que cumplir el destino literario que las circunstancias habían negado a mi padre", escribe Borges en la *Autobiografía*. La relación pedagógica es explícita; la deuda es silenciosa y recorre prácticamente toda la vida de Borges, que cada tanto (incluso después de que su padre haya muerto) vuelve a considerar una extraña idea: corregir (o acaso escribir con su padre) *El caudillo* y reeditarla. (Ese designio secreto es paralelo al que su padre consumó con *Fervor de Buenos Aires,* el primer libro de Borges. Muerto el padre, Borges, revisando sus cosas, encuentra en la biblioteca el ejemplar que le regaló y descubre, en los márgenes de las páginas, todas las correcciones manuscritas que nunca se atrevió a sugerirle personalmente). Una ligera trampa deslizada en la *Autobiografía* muestra hasta qué punto Borges, que ya tiene setenta años, sigue *trabajando* su gratitud de infancia. "Cuando tenía más o menos nueve años", recuerda, "traduje *El príncipe feliz* de Oscar Wilde y fue publicado en el diario bonaerense *El País.* Como la traducción estaba firmada 'Jorge Borges', la gente supuso que era obra de mi padre". La traducción, en realidad, estaba firmada "Jorge Borges hijo".

Fanny Haslam Victoria Ocampo: "No necesito preguntarle si Fanny Haslam de Borges era su abuela

respondía: 'Después de todo, más bien prefiero a Arnold Bennett, Galsworthy y Wells'".

Eminentemente "culta", portadora de la tradición y el prestigio británicos, esta rama familiar, sin embargo, no es completamente pura y tiene también su "recaída" guerrera. Es una de las inglesa. ¿Hasta qué punto era inglesa?". Borges: "Lo era devotamente. Bajo el influjo de la obra de sir Walter Scott, yo, de chico, le pregunté si tenía sangre escocesa. Me contestó: 'Gracias a Dios (*thank goodness!*) no tengo ni una gota de sangre escocesa, irlandesa o galesa'. Cuando estaba muriéndose, todos la rodeamos y ella nos dijo: 'Soy una mujer vieja que está muriendo muy, muy despacio. No hay nada interesante o patético en lo que me sucede'. Nos pedía disculpas por su demora en morir".

principales particularidades que honran a la abuela Haslam: si Borges la evoca con tanto detalle es, básicamente, porque Fanny es la que *mezcla* los linajes, la que articula la tradición libresca con el culto de las armas. Traída a la Argentina por su hermana mayor, que se había casado con un ingeniero, Fanny conoce a su futuro marido, el coronel Francisco Borges, en Paraná, la capital de Entre Ríos, en 1870 o 1871, mientras la ciudad resiste el asedio de los montoneros, la milicia gaucha que lidera López Jordán. Contada por Borges, la escena parece digna de una versión local de *Lo que el viento se llevó*. "El coronel Borges, cabalgando a la cabeza de su regimiento, comandaba las tropas que defendían la ciudad. Fanny Haslam lo vio desde la azotea de su casa. Aquella noche se realizó un baile para celebrar la llegada de refuerzos gubernamentales. Fanny y el coronel se conocieron, bailaron, se enamoraron y, algún tiempo después, se casaban".

Ese "mestizaje" no impedirá, sin embargo, que el mismo Borges oponga los dos linajes de manera tajante. Como escribe Ricardo Piglia, lo que está en un lado falta en el otro. De un lado, el paterno, están los libros, la lengua inglesa, el pensamiento, la sensibilidad, la cultura; del otro, el materno, quedan la guerra, el coraje, la acción y un cierto déficit intelectual que Borges nunca disimulará: "Cuando se es de familia criolla, o puramente española, entonces, por lo general, no se es intelectual. Lo veo en la familia de mi madre, los Azevedo, son de una ignorancia inconcebible". Del lado del padre, abogado y profesor, se coloca la propiedad y la transmisión del saber; del lado de la madre, a lo sumo, cierto capital emocional ("pensar lo mejor acerca de la gente", un "fuerte sentido de la amistad") y, sobre todo, una encarnizada voluntad de **aprender**.

En ese dilema de herencias, Borges, naturalmente, se queda del lado de los libros. Decide aceptar el destino al que lo condena su miopía: ser un "hombre de letras", no "de acción", ("Como la mayor parte de mis familiares habían sido soldados —hasta el hermano de mi padre fue oficial naval— y yo sabía que nunca podría serlo, muy tempranamente me sentí avergonzado por ser una persona destinada a los libros y no a la vida de acción") y convierte el mundo de la guerra y el coraje en objeto de añoranza. En otras palabras, prepara ese mundo para heredarlo a su manera: transformado en materia

Aprender Longeva (murió en 1975, a los 99 años), incondicional ("ella fue una verdadera secretaria para mí, ocupándose de mi correspondencia, leyéndome, recogiendo mi dictado y viajando conmigo muchas veces"), secretamente influyente ("fue ella, aunque demoré mucho en descubrirlo, quien silenciosa y eficazmente promovió mi carrera literaria"), despótica y posesiva (Estela Canto, uno de los romances fallidos de Borges, la responsabilizaba de la desgraciada biografía amorosa del escritor), Leonor Acevedo es sin duda la *madre de escritor* más célebre de una literatura que no brilla demasiado en figuras maternas. Fue una verdadera *self made woman*, y

literaria. Quizás en ese gesto haya un antecedente, sin duda complejo, pero promovido por el mismo Borges, de la gran oposición conceptual que la cultura progresista argentina usará durante años para leer, juzgar y muchas veces objetar la obra de Borges, su concepción de la literatura y el modelo de escritor que parecía postular: la oposición entre la "literatura" y la "vida". "La vida y la muerte faltaron en mi vida", admite Borges ya en el prólogo a *Discusión*, en 1932. Se dan demasiadas cosas por sentadas en esa confesión —demasiadas cosas que la cultura argentina repetirá luego hasta el hartazgo—: 1) lo que define a la vida como tal es la intervención de la muerte, o en todo caso ese factor dramático que se resume en la expresión "de

su "carrera" fue sigilosa pero sostenida. Aprendió inglés a través de su marido; accedió a la literatura a través de su hijo. Llegó a firmar, con el tiempo, algunas traducciones (*La comedia humana* de Saroyan, por ejemplo), y Borges hasta le atribuyó a ella las que lo habían hecho famoso a él (Melville, el *Orlando* de Virginia Woolf, *Las palmeras salvajes* de Faulkner). Los dos hitos de esta biografía singular, que matiza la tenacidad con una razonable cuota de martirologio, son la muerte de su marido, en 1938, y el avance paulatino de la ceguera de su hijo, que va aislándolo del mundo y profundizando la dependencia materna. "Antes yo era ignorante", le confesó Leonor a Jean de Milleret: "pero para no dejarme dominar por el dolor me puse a leer y a estudiar sola". Y Borges cuenta, a fines de los años sesenta, que cuando murió su padre, "ella no sabía ni siquiera hacer un cheque; ignoraba lo que se puede hacer cuando se entra a un banco; no sabía depositar el dinero y ahora se ha vuelto perita en esas cuestiones. Y todo eso lo aprendió después de la muerte de mi padre, así como aprendió el inglés, ya que antes hablaba un inglés elemental, un inglés oral para conversar con mi abuela. Ahora puede incluso leer y captar el ritmo de los versos ingleses". Leonor y Borges arman juntos una suerte de sociedad edípica de una eficacia impecable, donde el intercambio de asistencias y servicios alcanza una rara ecuanimidad: Leonor es los ojos de Borges; hace por Borges todo lo que Borges no puede hacer (leer, escribir, ocuparse de la vida práctica), se entrega a él por completo, y a través de ese

vida o muerte" (la gran mitología del coraje y las armas que funda la rama materna); 2) la vida de Borges careció de ese factor dramático (lo que la vuelve indigna de llamarse "vida"); 3) la vida de Borges es una vida puramente "literaria", una existencia cortada de la acción, hecha apenas de palabras y de signos, encerrada en sí misma: una vida autista.

sacrificio deja atrás su origen ignorante, crece, se ilustra; Borges, que gracias a esa devoción puede dedicarse por completo a su literatura, parece pagar los servicios de su madre con la garantía de una vida relativamente célibe. De ahí la extraña imagen que la pareja siempre irradió, su aura entre conmovedora y siniestra: un escritor ciego, prematuramente envejecido, de fama mundial, a quien guía por el mundo una mujer todavía más vieja, frágil e irreductible a la vez, ambos suspendidos en un tiempo fuera del tiempo.

La gran obra borgeana que va de fines de los años treinta hasta mediados de los cincuenta parece profundizar esa dirección. Libros como *Ficciones*, *El Aleph* u *Otras inquisiciones* ponen el acento en las cualidades más literarias, menos "vitales", de la literatura: la reflexión, la especulación, las proezas técnicas o retóricas, la perfección del estilo, la erudición... Detectives que son puro razonamiento, bibliotecas infinitas, laberintos, paradojas filosóficas, exotismos importados de Oriente: al parecer, nada más alejado del "mundo" (la vida, el presente, el aquí y ahora) que el mundo del mejor Borges, que pisa la década del sesenta como el prototipo del escritor "intelectual", atrincherado en su fortaleza verbal, menos interesado en ser "un hombre que una vasta y compleja literatura", como él mismo escribió de Joyce, de Goethe y de Shakespeare. Para la cultura progresista que se configuraba a mediados de los años sesenta, tras la caída del peronismo y la experiencia modernizadora de Frondizi, el caso Borges no podía no ser problemático. ¿Qué hacer, en efecto, con ese hombre que parecía escribir desde otro tiempo y otro espacio, en una lengua pura como un diamante, ficciones y ensayos de una autosuficiencia intolerable, ciegos y sordos a las cosas más urgentes de *este* mundo?

La izquierda más nacionalista (la más directamente política: Jorge Abelardo Ramos, por ejemplo) casi ni se tomó el trabajo de leerlo; el fervor antiperonista de Borges, festivamente reivindicado bajo la Revolución Libertadora, fue suficiente para que lo descalificaran sin mayores trámites, acusado de representar los intereses de la oligarquía cipaya. Como escribió Ramos alguna vez: "A Borges, como a los ferrocarriles, hay que nacionalizarlo". Las cosas no eran tan fáciles para Ernesto **Sabato** o para el joven Abelardo **Castillo**, dos figuras menos involucradas en apuestas políticas inmediatas o, en todo caso, más sensibles al carácter *problemático* (a la vez artístico *y* político) de Borges. La "solución", en este caso, es otra. Borges y su obra son sometidos a una doble exigencia simultánea;

Sabato y Castillo En 1964 uno es un escritor maduro y el otro la cabeza de la nueva generación. Ante el caso Borges, sin embargo, ambos razonan de maneras sorprendentemente parecidas, como lo demuestran sus respectivas contribuciones al número consagratorio que la revista francesa *L'Herne* dedica a Borges ese año. En la suya, titulada "Borges y la nueva generación", Castillo acorta camino y declara enseguida: "No me gusta Borges: lo admiro. Ese matiz es mi tesis". La firmeza, la agresividad, la voluntad de distinción son sin duda de Castillo; la prosa, curiosamente, es de Borges. Castillo se presenta como el portavoz de una camada de escritores formados por Sartre, por Camus, por Pavese, y sin duda por el Sabato que nacionalizó el existencialismo en *El túnel* y *Sobre héroes y tumbas*. Difícil que la literatura de Borges —enrarecida, encima, por sus recalcitrantes posiciones políticas— se llevara bien con la tradición del humanismo de

una es literaria, la otra es vital. Borges, previsiblemente, aprueba la primera y reprueba la segunda. Es un gran escritor, sin duda, pero un gran escritor *desgarrado*: es rico en literatura y pobre en humanidad, rico en cultura y pobre en vida, rico —incalculablemente rico— en ideas, en formas, en abstracciones, y pobre —incalculablemente pobre— en experiencias, en contenidos, en emociones.

Frente al humanismo angustiado de Sabato, el vitalismo viril de Castillo, incluso —o sobre todo— frente al halo lúdico, juvenil, jazzeado que envuelve a la novela de la época, *Rayuela*, de Julio Cortázar, la obra y el personaje de Borges suenan antiguos, escandalosamente pasados de moda, lo mismo que sus trajes de franela rayada al lado de las po-

izquierda. Borges es "fascinante", dice Castillo, y de inmediato aclara las pinzas invisibles con que ha decidido usar el adjetivo: "como ciertos cristales parecidos a flores. Como la profundidad fastuosa e hipnótica de un acuario o el sueño de un teósofo. Como ciertos teoremas o ciertos pájaros [...] Pienso, también, en catedrales de estalactitas, en bosques petrificados. En la frialdad". Castillo busca el Hombre, algo de esa *temperatura* humana que define, para él, la literatura; Borges le ofrece un paisaje de ficciones y ensayos perfectos: perfectos pero sin vida, como un bello páramo helado. "A Borges nunca pude imaginármelo vivo, ni siquiera cuando nos demoramos para conversar bajo las arcadas de la Biblioteca Nacional", dice Castillo.

Ese Borges-zombi, muerto viviente, desgarrado entre la perfección de su obra y su severo handicap vital, es el que Ernesto Sabato retoma en su artículo. El título, "Los dos Borges", ya lo dice todo. Sabato, menos necesitado de pelea que Castillo, reemplaza la actitud crítica por el anhelo benevolente: "recuperar" a Borges. Recuperarlo de los "vicios" en los que se ha hundido: la deshumanizada perfección estilística, la primacía de la literatura sobre la vida, el demonio supremo de la frialdad; es decir: exactamente lo mismo que le imputa Castillo. Sólo que ahí donde Castillo sólo encuentra el vacío, un desierto congelado y yermo, Sabato, más piadoso, ve al "verdadero" Borges; lo ve, es cierto, algo opacado por las vanidades que lo hicieron célebre, pero listo para aceptar la mano providencial

leras oscuras que impone el *prêt-à-porter* existencialista. Borges, que ya cargaba con la fama de ser un escritor "difícil", hermético, complica todavía más su reputación: es abiertamente reaccionario (se ha afiliado al Partido Conservador), sacrifica cualquier causa trascendente por la causa literaria, se abroquela en su mundo de libros, de citas, de eruditos. Le "da la espalda" a la vida. Contra Sabato, Castillo o Cortázar, figuras que encarnan, a mediados de los años sesenta, el ideal del escritor *cercano*, Borges parece multiplicar los signos de la mediatez y la lejanía. "Siempre fue así", admite en su *Autobiografía*, "durante toda mi vida llegué a las cosas después de haberlas transitado en los libros".

que Sabato le tiende y para salir otra vez a la superficie. Después de recordar el final de "Nueva refutación del tiempo" ("El tiempo es la sustancia de que estoy hecho. El tiempo es un río que me arrastra, pero yo soy ese río; es un tigre que me despedaza, pero yo soy el tigre..."), con un ímpetu casi mesiánico, Sabato escribe: "En esa confesión final está el Borges que queremos salvar, y queremos redimir al poeta que alguna vez cantó cosas humildes como un crepúsculo o un patio de Buenos Aires, y otras trascendentes como la fugacidad de la vida y la realidad de la muerte. No sólo al prosista que nos enseñó, a todos los que vinimos después, la deslumbrante y exacta potencia de una conjunción de palabras, sino más bien —y por sobre todas las cosas— el que con ese instrumento sin par supo decir en instantes memorables de su obra la miseria y la grandeza de la criatura humana frente al infortunio, la gloria y el infinito. Ése es (me atrevo a profetizarlo) el Borges que quedará".

Sin embargo, nada menos ajeno a la obra de Borges que el problema de las relaciones entre la literatura y la vida, una cuestión que suele ser decisiva cada vez que el paisaje literario de una sociedad entra en proceso de cambio. En esos casos, nadie le pide a un escritor simplemente *que viva* sino que viva *de una determinada manera,* que tenga una política de vida *particular* (y no cualquiera): la clase de vida que un cierto imaginario cultural considera imprescindible para construir el prototipo de escritor que defiende. En ese sentido, la vida de Borges, que duró poco menos de un siglo, tropezó con las recompensas y las objeciones que le reservaba su condición histórica; en algunas coyunturas (los años veinte, por ejemplo) fue una vida "adecuada", en sincronía con los nuevos tiempos y sus costumbres; en otras (los años sesenta y setenta) fue un ejemplo de vida "retrógrada", a contrapelo, irritantemente desubicada. Para esa época, y aunque exigiera elaboraciones más sofisticadas (véase **clásico**), el clasicismo de Borges sonaba como una declaración de desapego, un sinónimo de aristocratismo, una forma de negar la historia y el compromiso. La "vida", por entonces, tenía un carácter eminentemente corporal y empezaba a definirse por la conflictividad, dos condiciones a las que las elegantes perplejidades metafísicas de Borges no parecían deberles demasiado. Vivir era tocar, golpear, entrar en alguna clase de cuerpo a cuerpo, involucrarse directamente con las dimensiones más impuras de la experiencia. No era exactamente un *modus vivendi* del que pudiera jactarse alguien como Borges, que cada día, encerrado en su despacho de la calle México, celebraba una felicidad más modesta y —aparentemente— menos riesgosa: dirigir la Biblioteca Nacional (véase Seis).

Pero basta sobrevolarla para comprobar hasta qué punto la literatura borgeana, confinada por sus detractores al limbo de las armonías abstractas, está atravesada de conflictos, sembrada de hostilidades, poseída, incluso, por el fantasma mismo que se suponía que había conjurado: el combate. En más de un sentido, Borges —el mismo que *añoró* siempre lo que no le tocó (el "choque de los aceros", ese paroxismo de violencia en el que el hombre, como escribe en el *Carriego*, "sabe para siempre quién es"), el mismo cuya literatura fue leída, en los años sesenta y setenta, como ejemplo radical de prescindencia y de evasión— es el escritor más *peleador* de la literatura argentina. Si de sus dos linajes Borges se quedó con uno, el de los libros, fue sólo para apropiarse mejor del otro, el de la guerra, y para convertir la literatura en un gran campo de batalla, los libros en armas, las palabras en golpes. El duelo —ese breve cristal de guerra— está en el origen de la ficción de Borges ("Hombres pelearon", de 1927); su primer libro de ensayos, *Inquisiciones*, se regodea en el examen de algunas enemistades famosas: Gómez de la Serna versus Cansinos Assens ("Dos nombres hermanados por una fraternidad belicosa como de espadas que en ardimiento de contienda se cruzan..."), Quevedo versus Góngora, el culto romántico del yo versus la impersonalidad clásica, el nominalismo versus el realismo, el idioma argentino versus el español.

Verdadera pasión, la discordia nunca cede en Borges. El tango sólo le importa en la medida en que puede oponerle la milonga; escribe sobre Almafuerte para pelearse con Lugones; se pela con **Lugones**; desafía a los gritos la avidez de Madrid, que

Lugones A mediados de la década del veinte, Leopoldo Lugones ocupaba el trono del Gran Poeta Argentino. Árbitro indiscutido, imponía las formas líricas autorizadas, repartía patrocinios, legitimaba valores y creencias poéticas. Ante semejante concentración de poder, probablemente alentados, también, por el fanatismo fascistoide que Lugones empezaba a proclamar (su famosa frase, "Es la hora de la espada", se convirtió en eslogan de la derecha fuerte argentina), era fatal que todos los

pretende imponer su ley sobre la cultura americana ("Una ciudad cuyas orquestas no pueden intentar un tango sin desalmarlo; una ciudad cuyos estómagos no pueden asumir una caña brasilera sin enfermarse..."), y escarnece a su pope máximo, Ortega y Gasset, firmando una declaración burlesca con el seudónimo **"Ortelli y Gasset"**; llega a Buenos Aires Filippo Marinetti, prócer del futurismo, y Borges le sale al cruce desde las páginas del diario *Crítica,* donde compara su vehemencia con la de un "sifón de soda en acción", le agradece su "actividad saludabilísima" contra la cursilería italiana de principios de siglo, desmerece sin pudor sus libros, "que valen muy poco" y son "simulacros italianados de Whitman, de Kipling, tal vez de

demás, reducidos a la condición de discípulos, matizaran la admiración que les despertaba con el fervoroso anhelo de destronarlo. Borges no fue una excepción. "Todos huíamos de Lugones y nos acercábamos a él, al mismo tiempo", le confiesa a Antonio Carrizo. A lo largo de toda su vida, Borges tuvo con Lugones una relación ambivalente, de amor y de odio, que lo llevaba a plagiar en su poesía los mismos textos del maestro que después escarnecía en sus reseñas críticas. "Era un hombre solitario y dogmático", le contaba después a César Fernández Moreno. "La conversación se hacía difícil con él, porque él resolvía todo con una frase que significaba un punto y aparte... Lo que él necesitaba era ser un dictador de la conversación".

Cada uno, sin embargo, se ocupaba puntualmente de enviarle sus libros al otro. Mientras Lugones, con parquedad, se limitaba a agradecerlos, Borges hacía públicas su opiniones, a menudo poco amables. Una vez, en un prólogo a una antología de "nuevos poetas", describió a Lugones como un "extranjero" al que todo le parecía "griego", un fanático de paisajes vagos, "hechos exclusivamente de rimas". Pero ese sarcasmo público tenía también su trastienda. En su biografía de Borges, María Esther Vázquez evoca al escritor charlando con un interlocutor ocasional, repitiéndole los peores versos de Lugones sin aclararle quién los escribió. Según Vázquez, Borges empezaba el escarnio citando el verso "El jardín, con sus íntimos retiros", que reconocía como admirable, y después seguía

Jules Romains", y profetiza que su visita será completamente inocua porque en Buenos Aires "no hay museos ni antigüedades que destruir".

Es cierto que Borges es joven, y que el atentado y la irreverencia son dos cláusulas juveniles obligatorias, pero en 1944, cuando publica *Ficciones*, su primer gran libro de cuentos, ya no hay en él rastros de ese envión adolescente y sin embargo el apego por las formas del conflicto no ha decaído. El libro, de una perfección casi insoportable, postula el Borges distante, erudito y "universal" contra el que Castillo y Sabato cargarán veinte años más tarde. Relatos atosigados de citas, literatura que nace de la literatura, argumentos precisos como relojes, cuentos que parecen enciclopedias en miniatura... Y, sin embargo, en

adelante con el resto de la estrofa: "dará a tu alado ensueño, fácil jaula / donde la luna abrirá su aula / y yo seré tu profesor de suspiros". "Al llegar aquí", escribe Vázquez, "Borges esperaba oír la risa de la persona que lo acompañaba, y si ésta llegaba (y siempre llegaba, porque lo de la jaula, aula y profesor de suspiros configuraba un trío impresionante), condescendiente, señalaba que en estos versos el 'pobre' Lugones no se había lucido". Según un chisme de Juan Carlos Ghiano que recoge Vázquez, a Lugones, al parecer, esas zancadillas no le habrían resultado del todo indiferentes: "Quiso batirse a duelo con Borges, pero los amigos se lo impidieron, advirtiéndole que dada la pésima vista del joven más que duelo sería asesinato".

Ortelli y Gasset El seudónimo, que remata una larga serie de bravuconadas contra lo español, pretende encubrir a Borges y al poeta Carlos Mastronardi. La declaración ("A un meridiano encontrao en una fiambrera") fue publicada por la revista *Martín Fierro* en 1927; era la respuesta a un artículo de *La Gaceta Literaria* titulado "Madrid, meridiano intelectual de Hispano-América". La primera frase da la clave general de lo que seguirá, un tono entre brutal y pueril, como de corte de manga, que elige el cocoliche para ultrajar la "pureza" idiomática española: "¡Minga de fratelanza entre la Javie Patria y la Villa Ortúzar!". La última del primer párrafo, encargada de marcar un territorio, parece prefigurar la violencia de las barras bravas: "Aquí le patia-

el corazón de todo ese despliegue intelectual, dramatizándolo hasta el vértigo, hay una pasión que no se deja domesticar, una fuerza tenaz, mo el nido a la hispanidá y le escupimo el asao a la donosura y le arruinamo la fachada a los garbanzelis". El final, como de chicos, amenaza prometiendo guerra: "Espiracusen con plumero y todo, antes que los faje. Che meridiano: hacete a un lado, que voy a escupir". irreductible, que saca chispas de las palabras. Borges, una vez más, multiplica los *duelos*, como si escribir fuera simplemente ir declinando, variando, disfrazando una misma escena original: la escena de dos hombres que se enfrentan en un combate definitivo, a matar o a morir.

El enfrentamiento (el cuerpo a cuerpo) puede ser resultado de una fría confabulación de inteligencias, como en "La muerte y la brújula", donde un criminal (Red Scharlach) y un detective (Erik Lönnrot) equitativamente sagaces van adivinándose los pasos hasta encontrarse en una Buenos Aires desfigurada por la pesadilla, o puede ser también el saldo de una vieja deuda criolla, como en "El fin", donde Borges completa el *Martín Fierro* de José Hernández con un epílogo sangriento: el gaucho, en la llanura inmóvil, es muerto por el hermano del negro a quien alguna vez mató en el poema. También hacia el duelo y el crimen van, inexorablemente, los sofisticados protagonistas de "El jardín de senderos que se bifurcan", Yu Tsun y Stephen Albert, expertos, sin embargo, en cosas tan apacibles como la historia de la literatura china, los libros infinitos, los laberintos. Y es un duelo, por fin, el que cierra el libro. En "El Sur", Juan Dahlmann, secretario de una biblioteca municipal, viaja al campo para convalecer de una herida que lo tuvo ocho días entre la vida y la muerte. Todo tiene la rareza, la luz borrosa de un *déjà-vu*; unos compadritos achispados lo provocan en una pulpería; un viejo gaucho inmóvil, puesto ahí sólo para ejecutar ese gesto, le deja una daga en la mano y lo obliga a pelear.

En rigor, toda la literatura de Borges podría leerse como un gran manual sobre las distintas formas del diferendo, desde la querella intelectual o erudita (peleas entre escuelas filosóficas, heterodoxias y herejías, litigios de lectura y de interpretación de textos, etc.) hasta el enfrentamiento físico de un duelo a cuchillo o un hecho de sangre, pasando por el célebre motivo del doble, una variante con la que Borges suele traducir las relaciones de rivalidad a la esfera más o menos universal de la metafísica. Para encontrar a este Borges *polémico* —un Borges peleador, que milita en la discusión, pero también, y sobre todo, un escritor que hace de la *relación de fuerzas* uno de los motores principales de su literatura— no hace falta buscarlo en la mitología de los años veinte, juvenil, acriollada y prepotente. Está también en *Discusión* (1932), un libro de ensayos cuyo título delata, con borgeana sobriedad, el componente **agresivo** que tiene aquí la función de pensar; está en *El Aleph* (1949), enhebrando con secreta violencia una historia de compadritos puestos a contrabandistas ("El muerto") con una de controversias

Agresivo Persistente como una compulsión, frontal o indirecta, cortada por las malicias de la ironía, la práctica agresiva de Borges es sistemática y contradice su imagen de escritor retraído y frágil, temeroso del contacto con los otros, que esquiva los conflictos para preservarse de toda posibilidad de violencia. Tal vez el testimonio más regocijante de esa fruición peleadora sea "Arte de injuriar", el ensayito que cierra *Historia de la eternidad*, de 1936. El grueso del libro se dedica

teológicas ("Los teólogos"), una venganza femenina ("Emma Zunz"), una epopeya filológica ("La busca de Averroes") y una fábula de la mitología griega ("La casa de Asterión"). Está en *Invasión*, una sinopsis cinematográfica que escribió con Bioy Casares y que Hugo Santiago filmó en 1969: una historia fantástico-costumbrista donde una facción de porteños resiste heroicamente a un ejército de invasores anónimos que pretende apoderarse de Buenos Aires. Y está, desde luego, en *El informe de Brodie* (1970), que compila las últimas ficciones de compadritos y resume en un puñado de relatos notables toda una vida dedicada a narrar querellas.

Pero ¿qué hay en un duelo? ¿Por qué Borges vuelve una y otra vez a esa situación como el criminal a la escena a plantear complejas controversias intelectuales: el eterno retorno, el tiempo como sucesión, la eternidad como refutación del tiempo, los modos indirectos de decir de la poesía, los placeres perversos de la traducción literaria... Sobre el final, como si perdiera altura de golpe, el libro cambia de horizonte, de registro y hasta de estilo, y con una sonrisa de costado, entre ladina y gozosa, se pone a husmear en esos géneros de la bajeza literaria que son la "vituperación" y la "burla", mellizos paródicos de la metáfora y las kenningar que había examinado apenas veinticinco páginas atrás. Como muchos ensayos de Borges, "Arte de injuriar" es un breve manual de uso del lenguaje, un tratadito de retórica que se apega a las palabras para saber cómo funcionan, esto es: cómo producen los efectos que producen. "Cometer un soneto, emitir artículos", escribe. "El lenguaje es un repertorio de esos convenientes desaires, que hacen el gasto principal en las controversias. Decir que un literato ha expelido un libro o lo ha cocinado o gruñido, es una tentación harto fácil; quedan mejor los verbos burocráticos o tenderos: despachar, dar curso, expender. Esas palabras áridas se combinan con otras efusivas, y la vergüenza del contrario es eterna". Es la agresión, no la persuasión, lo que le importa a Borges, pero su concepción del lenguaje no está muy lejos de la que defendían sus antepasados los sofistas. A menudo acusado de rechazar el mundo y preferir las palabras, Borges refuta

del crimen, al extremo de que su lógica de *contrapunto* —pelea, litigio, guerra, diferendo: "esa lógica peculiar que da el odio"— parece teñir casi toda su obra? Tal vez porque en el cruce de espadas —reales o metafóricas, hechas de acero o de palabras— Borges encuentra el prototipo del *momento significativo*, ese acontecimiento puntual, decisivo, que define el *sentido* de una vida de una vez y para siempre. "Cualquier destino, por largo y complicado que sea", escribe en "Biografía de Tadeo Isidoro Cruz", "consta en realidad de un solo momento: el momento en que el hombre sabe para siempre quién es". Puede ser un momento arbitrario y perplejo, incluso insensato, como el duelo que Dahlmann, que nunca tuvo un cuchillo en la mano, sale a pelear en la llanura, pero apenas despunta, su carácter caprichoso se vuelve una fatalidad y el acontecimiento se impone, inapelable, como una necesidad o un destino. Puede que el duelo, para Dahlmann, no tenga sentido; pero el duelo *da* sentido: introduce un principio de orden

la imputación en sólo cinco páginas. Refuta la imputación y también (sobre todo) el tipo de pensamiento que la apuntala: la idea de que por un lado están las palabras (con sus reglas, sus trucos, sus mecanismos, sus veleidades) y por otro el mundo (con sus procesos, sus fenómenos, sus relaciones de fuerza). Borges, más arcaico y más moderno a la vez, no está interesado en el reino "puro" de las palabras, sino más bien en todo lo que las palabras pueden *hacerle* al mundo. La agresión verbal y la burla, como cualquier avatar de ese "género literario" llamado injuria, no son palabras que viven en el limbo de las palabras; son palabras-actos, *fuerzas* que intervienen en el interlocutor y en el mundo y los alteran irreversiblemente: "La vergüenza del contrario es eterna". De ahí que la injuria sea para Borges el objeto singular y valioso que es: el punto donde palabras y armas dejan de ser series autónomas, excluyentes, y se articulan en un acontecimiento único, a la vez del lenguaje *y* del mundo. La injuria como palabra en armas, o como arma de palabra.

donde sólo había caos o automatismo, confiere plenitud a una vida vacía, reorganiza el pasado, saca a la luz (o más bien inventa) las fuerzas secretas que ponían en movimiento, de modo imperceptible, una experiencia.

En ese sentido, la situación "duelo" es sólo un ejemplo de ese tipo de acontecimiento peculiar, genérico, que ordena la literatura de Borges y que parece reunir algunas propiedades específicas. Implica, en principio, alguna clase de relación dual, el encuentro o el enfrentamiento con un otro; plantea una situación que es al mismo tiempo única y convencional: única, porque el acontecimiento singulariza *una* vida, pero convencional porque la situación supone un código, un conjunto de reglas, protocolos y maneras que pertenecen a una tradición, y que inscriben esa vida particular en una serie infinita de destinos análogos; es un corte, una discontinuidad, una especie de umbral que divide la vida en dos; su función consiste en abrir un mundo dentro del mundo, o en crear un tiempo fuera del tiempo; un duelo es una suspensión del mundo y del tiempo, un bloque de vida arrancado al contexto de la vida, un estado de excepción que pone entre paréntesis las leyes corrientes. "Los hechos graves están fuera del tiempo", escribe Borges en "Emma Zunz", "ya porque en ellos el pasado inmediato queda como tronchado del porvenir, ya porque no parecen consecutivas las partes que los forman".

En rigor, ese tipo de acontecimiento es mucho más que un tic narrativo, algo más profundo y más constitutivo que una manera de contar historias. El duelo —pero también, a su modo, la batalla, el crimen, el ajedrez y, sobre todo, el *truco*— es como el chip de la ficción de Borges, su ADN, su huella digital. El duelo *es* para Borges el modelo mismo de la ficción: una situación narrativa que articula de una manera particular la relación entre la literatura y la vida. Porque la ficción según Borges es precisamente eso: lo que suspende la vida, lo que *saca* de la vida. Una vida *fuera* de la vida, *otra* vida en la vida, cuya legalidad interrumpe por un momento las leyes comunes de la vida. Por eso el duelo en Borges es siempre un éxtasis, incluso —o sobre todo— cuando el resultado es trágico. Porque esa suspensión del tiempo y de la vida es como un trance, una alucinación, y tiene el vértigo de una fiesta. Si el duelo es la versión en miniatura de la ficción, la ficción, a su vez, parece reproducir a escala la extraña lógica voluptuosa que rige un partido de truco. "Los jugadores de truco quieren espantar a gritos la vida", escribe Borges en el *Carriego*, a fines de los años veinte. "Cuarenta naipes —amuletos de cartón pintado, mitología barata, exorcismos— le bastan para conjurar el vivir común. Juegan de espaldas a las transitadas horas del mundo. La pública y urgente realidad en que estamos todos, linda con su reunión y no pasa; el recinto de su mesa es otro país [...]. Los truqueros viven ese alucinado mundito. [...] Es un mundo angosto, lo sé: fantasma de política de parroquia y de picardías, mundo inventado al fin por hechiceros de corralón y brujos de barrio, pero no por eso menos reemplazador de este mundo real...".

Tres

Política del pudor

En 1925, el joven Borges responde al llamado que Lugones revitalizó con *El payador*, en 1916, y que ya habían impuesto en 1910 los festejos del Centenario: definir la *argentinidad*, eso que más tarde pasará a la historia con el nombre de "ser nacional". Borges, que practica entonces una prosa florida, llena de efusiones, recolecta (y consagra) los rasgos argentinos que le parecen decisivos: la taciturnidad, el desgano, la lenta añoranza, la austeridad. La selección, a primera vista, contradice los alardes del estilo borgeano. Borges ensalza lujosamente la pobreza criolla, reivindica con abundancia la frugalidad y promueve los valores del asordinamiento sin retacear estrépitos verbales. Esa persistencia en la voz baja es, según Borges, lo que pone al ser argentino en la vereda de enfrente de España. Como escribe en "Queja de todo criollo": "La índole española se nos muestra como vehemencia pura; diríase que al asentarse en la pampa, se desparramó y se perdió. El habla se hizo más arrastrada, la igualdad de horizontes sucesivos chasqueó las ambiciones [...]. Se achaparró la intensidad castellana". El "nacionalismo" borgeano es lo contrario de una veleidad; es el reconocimiento, la suave glorificación de una condición *apagada*, sin relieve, cuyo acento distintivo reside en la falta de cualquier acento. En esa imagen de lo argentino, ninguna épica, ninguna voluntad de poder. Borges no detecta la identidad nacional en un rasgo ni en una serie de rasgos, sino más bien en la costumbre argentina de *atenuarlos* todos. Ser argentino no es una identidad; es la versión pálida, el eco de una identidad que, por sobre todas las cosas, *no quiere hacerse notar*.

¿Dónde busca Borges ese cromosoma argentino? No en la historia, que le ofrece héroes, próceres y grandes eventos ejemplares, pero también una dosis de teatralidad, un exhibicionismo que malogran irremediablemente

Hacerse notar   Ante Richard Burguin, que repara en el cuidado con que se viste y se arregla, Borges alega: "Intento pasar lo más desapercibido e invisible que puedo. Y, tal vez, la única manera de pasar desapercibido es vestirse con un poco de cuidado, ¿no? Lo que quiero decir es que cuando era joven pensaba que siendo descuidado la gente no se daría cuenta de mi presencia. Pero era al revés. Siempre se daban cuenta de que mi pelo no estaba bien cortado o de que no me afeitaba".

su eficacia representativa. Borges busca un terreno más regular y cotidiano, menos *visible*, y elige el de "nuestra lírica criolla". No habla exactamente de poesía, de libros, de "literatura", sino de algo más difuso, anónimo y común: el *decir* argentino, ese conjunto de maneras que se despliegan en el habla, en las payadas, en la conversación que acompaña al truco y al mate, en las vidalitas, y cuya versión más "noble" y letrada es la poesía gauchesca. Con el tiempo, Borges irá enriqueciendo su archivo de formas del decir criollo, pero nunca lo cambiará. Algunos años más tarde incorpora la milonga, las **inscripciones de los carros**, los versos de Evaristo Carriego, el tono sigiloso de un poeta como Enrique Banchs, pero esos baluartes, por nuevos que sean, no hacen sino responder al mismo mandato que los anteriores: encarnar lo argentino en el ejercicio del *pudor*.

Así, el pudor borgeano es mucho más que una condición psicológica o emocional. Implica una teoría de la nacionalidad, una política lingüística, una estrategia literaria. Es probable que en su origen histórico haya un

Inscripciones de los carros   Esa retórica de carrito repartidor es perfecta para el propósito de Borges. Tiene todo para ilustrar su tesis: es anónima, breve, sentenciosa pero seca, alusiva. Borges arma con esas frasecitas fileteadas una especie de campo quirúrgico donde puede observar el comportamiento de la lengua, describir y clasificar sus acontecimientos, identificar los cuerpos extraños (*"Quien envidia me tiene desesperado muere* ha de ser una intromisión española", denuncia), reconocer y consagrar valores (*"No tengo apuro* es criollo clavado"), armar sus propios rankings de calidad (*"Me lo hubieras dicho* y *Quién lo diría* son incorregibles de buenos"). Las inscripciones, escribe, "implican drama, están en la circulación de la realidad. Corresponden a frecuencias de la emoción; son como del destino, siempre. Son ademanes perdurados por la escritura, son una afirmación incesante. Su alusividad es la del conversador orillero que no puede ser directo narrador o razonador y que se complace en discontinuidades, en generalidades, en fintas: sinuosas como el corte".

gesto reactivo, el tipo de retroceso y defensa que se improvisa ante la aparición de un intruso que pone en peligro la familiaridad del espacio propio. El mismo ensayo donde Borges precisa los contornos del ser argentino denuncia, dos páginas más adelante, que "la República se nos extranjeriza, se pierde". No nombra con todas las letras a los agentes de la perdición, pero tampoco es difícil reconocerlos. La reivindicación de la taciturnidad, la voz baja como estandarte, la promoción de la malicia y la burla que se filtran en una frase lacónica: todas las marcas del decir argentino acusan por inversión a los que están amenazándolo: la "intensidad" de los inmigrantes españoles; el estrépito, la ampulosidad gestual con que arremete la inmigración italiana. Frente al avance de esas identidades extrañas, marcadas por los signos *exteriores* del **color local**, Borges elige definir y situar la identidad argentina en un gesto de repliegue y retención, en la defensa de una cierta *interioridad* del lenguaje. Si ellos, los extranjeros, están todo el tiempo diciéndolo todo, nosotros, los argentinos, guardamos, retiramos de circulación, decimos *menos* de lo que deberíamos decir. El pudor es una marca distintiva (la reticencia argentina versus la extroversión italiana),

Color local No hay nada que enardezca tanto a Borges como el culto argentino del color local, ese "reciente culto europeo que los nacionalistas deberían rechazar por foráneo". La paradoja resume la argumentación principal de "El escritor argentino y la tradición", un ensayo de 1953 que es al mismo tiempo un panfleto contra el pintoresquismo y la gran apología borgeana del pudor. Discutiendo con Lugones y con Ricardo Rojas, que alguna vez pretendieron fundar la tradición literaria argentina en la poesía gauchesca, Borges dispara en realidad contra el pensamiento nacionalista, que confunde la artificialidad de un género literario con la autenticidad espontánea del decir popular. "Los poetas populares del campo y del suburbio versifican temas generales", escribe Borges: "las penas del amor y de la ausencia, el dolor del amor, y lo hacen en un léxico muy general también; en cambio, los poetas gauchescos cultivan un lenguaje *deliberadamente* popular, que los poetas populares no ensayan". Los signos de color local —palabras gauchas, jergas rurales, todas esas esforzadas nomenclaturas de tierra adentro— no hacen sino traducir de manera flagrante esa deliberación, demostrando, para Borges, que el que canta o escribe no "es" el pueblo —porque el pueblo no tiene por qué dar signos de ser el que es— sino alguien que procura usurpar su lugar, y que para ocuparlo exhibe las señas visibles que cree que distinguen al usurpado. Borges, reconocido experto en falsificaciones, pone a punto la *teoría de la autenticidad* que había empezado a acuñar a mediados de los años veinte: no hay autenticidad que sea intencio-

pero también presupone el ejercicio de la alusión, el sobreentendido, la implicación, todo un arte de la *comunicación indirecta* que los criollos comparten, teóricamente, como una comunidad de espías comparte un lenguaje cifrado o un conjunto de contraseñas. (El pudor, de paso, parece articular de una manera singular la tradición de la reticencia criolla con la del *understatement* británico).

De ahí ese gran enemigo, el énfasis, con el que Borges nunca dejará de combatir. Más que una pareja de vicio y virtud, la dupla énfasis / pudor será para Borges un criterio de valor, un paradigma evaluativo, prácticamente el método de lectura *moral* con el que juzgará, bendecirá o demolerá la literatura ajena y también la propia. Así, "enfático", en el manual de estilo y de ética borgeano, será

nal. Dicho de otro modo: cualquier signo de intencionalidad delata una inautenticidad secreta. Ahí aparece la famosa alusión a Mahoma y al Corán que todavía hoy, casi 50 años más tarde, sigue rigiendo la política nacional que adopta la mayoría de los escritores argentinos. Leyendo al Gibbon de *Historia de la decadencia y caída del Imperio Romano,* Borges observa que Gibbon observa que en el Corán, el libro árabe por excelencia, no hay camellos. "Yo creo", escribe Borges, "que si hubiera alguna duda sobre la autenticidad del Corán, bastaría esa ausencia de camellos para probar que es árabe. Fue escrito por Mahoma, y Mahoma, como árabe, no tenía por qué saber que los camellos eran especialmente árabes; eran para él parte de la realidad, no tenía por qué distinguirlos; en cambio, un falsario, un turista, un nacionalista árabe, lo primero que hubiera hecho es prodigar camellos, caravanas de camellos en cada página; pero Mahoma, como árabe, estaba tranquilo: sabía que podía ser árabe sin camellos". El paisaje argentino, la botánica argentina, la topografía argentina, la zoología argentina: todas las condiciones que el nacionalismo esgrime para sostener la idea de una esencia argentina natural, espontánea, popular, son las mismas que usa Borges para postular que no hay nada menos natural, nada menos espontáneo, nada más deliberado —y por lo tanto inauténtico— que la identidad nacional promovida por esa extraña clase de turistas que son los nacionalistas. "Creo que los argentinos podemos parecernos a Mahoma", escribe Borges, "podemos creer en la posibilidad de ser argentinos sin abundar en color local".

invariablemente sinónimo de retórico, de artificioso, de deliberado, pero sobre todo de *falso*. El énfasis es la marca por excelencia del impostor, a la vez su operación consciente y el desliz que lo delata, su estrategia y su debilidad, su determinación y su secreto. Cada vez que Borges revisa sus viejos libros para reeditarlos, es esa *bête noire* lo que tiene en la mira. Barroquismos, excesos, gestos demasiado intencionales: el detector de énfasis no tiene piedad. Cuarenta y cinco años después de la primera edición de *Luna de enfrente*, Borges, puesto a redactar el prólogo de una nueva versión, escribe: "Olvidadizo de que ya lo era, quise también ser argentino. Incurrí en la arriesgada adquisición de uno o dos diccionarios de argentinismos, que me sumi-

Falso Es curioso que Borges use la palabra "falso" para recordar (y condenar) los libros que escribió hasta los años treinta. En cualquier escritor, esa drástica retrospección se parecería mucho a una autocrítica despectiva. En Borges, en cambio, suena levemente sospechosa, como sonaría sospechosa la palabra "delito" en boca de un estafador consumado. Borges mira hacia atrás y lo único que ve son poses, disfraces, una sucesión de mascaradas fallidas. "Me disfracé de argentino, del mismo modo que en *Inquisiciones* me disfracé de gran escritor clásico español... y ambas imposturas fracasaron". Se encarniza con su poesía, con sus ensayos juveniles, incluso con el primer relato que reconoce haber escrito, "Hombre de la esquina rosada". "Tuve la desgracia de escribir un cuento totalmente falso [...]. Yo sabía que el cuento era imposible, más fantástico que cualquier cuento voluntariamente fantástico mío, y sin embargo debo la poca fama que tengo a ese cuento". La situación empieza a complicarse: he ahí un disfraz que, al parecer, ha dado en el blanco. Borges ya no se limita a arrepentirse de su viejo talento para el fraude; ahora, de golpe, reconoce en cambio la deuda que tiene con él: descubre todo lo que *debe* y, al mismo tiempo, los desconcertantes tesoros que encierra: la extraña productividad, el *rendimiento* un poco demoníaco de la falsedad. "La escena de la provocación es falsa", dice, hablando del argumento del cuento; "el hecho de que el interlocutor oculte su identidad de matador

nistraron palabras que hoy puedo apenas descifrar: *madrejón, espadaña, estaca pampa...* La ciudad de *Fervor de Buenos Aires* no deja nunca de ser íntima; la de este volumen tiene algo de ostentoso y de público".

Borges se relee con ojos de clásico y su pasado, romántico y chillón, le salta a la vista. Se corrige: simplifica, sustrae, aligera: quita capas, *rebaja* los excesos expresivos de todos esos viejos originales. "Menos, menos, siempre menos": ésa es la consigna que Borges reivindica en "La postulación de la realidad", uno de los ensayos que dedica a dirimir la cuestión del pudor y el énfasis. Si toda ficción afirma alguna clase de realidad —la suficiente, en todo caso, para capturar al lector en ella—, Borges sostiene que esa afirmación se pone en juego de dos maneras posibles: una, la manera romántica, consiste en *imponer* la realidad de la

hasta el fin del cuento es falso y no está justificado por nada; el lenguaje es, de tan criollo, caricatural. Quizás haya una *necesidad de lo falso* que fue hallada en ese cuento. Además, el relato se prestaba a las vanidades nacionalistas, a la idea de que éramos muy valientes o de que lo habíamos sido; tal vez por eso gustó". Borges recuerda que cuando revisó las pruebas para su reedición, abochornado, intentó atenuar las "criolladas demasiado evidentes o, lo que es lo mismo, demasiado falsas". El matiz es interesante: si algo puede ser *demasiado* falso, es porque la perspectiva desde la que se lo aprecia incluye categorías más sutiles, más escurridizas que las de lo falso y lo verdadero. Pero ¿quién es el que encuentra esa "necesidad de lo falso" si no el mismo Borges, agraviado y fascinado a la vez por las potencias que destila el arte del enmascaramiento, de la duplicidad, de la impostura? Toda la década del veinte es, en ese sentido, un laboratorio literario-delictivo en el que Borges experimenta las variantes *visibles* de lo falso. El modo en que Borges la evoca hace pensar en una época de equivocaciones, de trampas fáciles, de licencias, pero en rigor es un período de formación, una instrucción, la fase de aproximación a un arte que Borges, lejos de repudiar, convertirá más tarde en la verdadera pasión literaria de su vida: el arte de la fraudulencia.

ficción mediante "el énfasis", la expresividad y "la mentira parcial"; la otra, la manera clásica, trabaja más bien con la prescindencia, la distancia, el desapego: presenta la realidad sin presionar, "notificando" sus hechos generales, con la **confianza** que implica una simple constatación. Pero esta manera, que es la borgeana, tiene en el fondo la misma estructura que el pudor: postular clásicamente la realidad consiste en imaginar "una realidad más compleja que la declarada al lector y referir sus derivaciones y efectos". Es lo que Hemingway, otro maestro del pudor, llamaba "la teoría del iceberg", y es la ley que rige la gran mayoría de las ficciones de Borges: presentar tres o cuatro partes de un todo que permanece oculto, sobreentendido;

Confianza Pudor, discreción y reserva son también valores decisivos en el modo en que Borges concibió y practicó sus relaciones personales. Con su **padre** y su madre, con amigos íntimos como Adolfo **Bioy** Casares, la intimidad y la confianza instituyen un sistema "antisentimental", un régimen de afectividad contenido, menos basado en la confesión que en el silencio compartido, y fundado en la necesidad de proteger la privacidad y mantener los límites de los territorios individuales. Es el tipo de intimidad que Borges le atribuye a su padre con Herbert Ashe en "Tlön, Uqbar, Orbis Tertius", "una de esas amistades inglesas que empiezan por excluir la confidencia y que muy pronto omiten el diálogo". Si la vida de Borges mantuvo cierta opacidad pública a lo largo de tantos años, fue sin duda gracias a la puesta en práctica de un régimen de preservación que, lejos de ser personal, "de" Borges, siempre formó parte de un estilo de vida de clase. Ese "entre nos" cómplice y discriminador, que en el siglo XIX sale a la luz y deslumbra bajo la pluma de Lucio V. Mansilla, aparece en el siglo XX como una experiencia más privada y preciosa, que conviene sustraer a la exposición para resguardar su función de lazo social. El "entre nos" borgeano reemplaza el exhibicionismo triunfalista de Mansilla por una reticencia estratégica. A la ostentación vulgar y sin estilo de los nuevos ricos de 1880, el general Mansilla podía oponer una "buena" ostentación, esa mezcla de teatralidad, seducción y desdén que constituye el arte social del dandy. Esa distinción ya no parece posible en la Argentina del siglo XX, donde el estilo

contar las causas de un acontecimiento a través de sus repercusiones; poner en escena un hecho sin nombrarlo, mediante los rastros que lo evocan, los ecos que suscitó, las secuelas que dejó al suceder.

Puede que el pudor borgeano, en su origen, haya sido un protocolo de clase, y una práctica alimentada por la necesidad de defenderse de la invasión del otro, el intruso, el extranjero. Ejercer el pudor es, efectivamente, no decirlo todo, pero es *quedarse* con la parte no dicha, y atesorarla, y compartirla con los pares en silencio, como una contraseña inaudible. Pero cuando el pudor pasa a la literatura y se vuelve política literaria (una determinada manera de *maniobrar* con el sentido), algo cambia. Borges ilustra el pudor clásico con la prosa deseable de Gibbon,

de vida de la clase dominante, ahora en fricción con toda clase de movimientos populares, condena la ostentación, la exhibición y casi cualquier forma de trabajo sobre la exterioridad como marcas de ilegitimidad y de usurpación.

Padre   Más que los dichos o los hechos, antes que acontecimientos visibles o decisiones explícitas, lo que Borges recupera de su pasado familiar es cierta vocación de *imperceptibilidad*, valor supremo que rige las identidades personales, los ideales y los intercambios entre los miembros de la familia. "Yo quisiera ser el hombre invisible": la famosa ambición de Borges no es sino la *remake* tardía del anhelo que el escritor reconoció primero en la figura de su padre, "una persona tan modesta", escribe en su *Autobiografía*, "que hubiera deseado ser invisible". Salvo la abuela Haslam, que parece monopolizar los privilegios de lo que se llama "tener personalidad", todos los demás tienden a abrazar una impersonalidad que linda con la desaparición. Así, la familia, para Borges, no es un escenario de manifestaciones (afectivas, lingüísticas, personales) sino más bien un territorio donde es posible callar, guardar y acordar cosas en silencio, actuar y decir por omisión, persuadir o influenciar al otro por las vías oblicuas de lo *implícito*. Es así como se deciden, entre otras cosas, el destino literario y el destino sexual de Borges. "Desde los tiempos de mi niñez, cuando lo atacó la ceguera", recuerda Borges, "quedó *tácitamente* entendido que yo tenía que cumplir el destino literario que las circunstancias habían negado a mi padre. Eso era algo que se consideraba definitivamente

"mediata", "generalizadora y abstracta hasta lo invisible". "El autor nos propone un juego de símbolos, organizados rigurosamente sin duda", dice Borges, "pero cuya animación eventual queda *a cargo nuestro* [Gibbon]. No es realmente expresivo: se limita a *registrar* una realidad, no a representarla. Los ricos hechos a cuya póstuma *alusión* nos convida, importaron cargadas experiencias, percepciones, reacciones; éstas pueden *inferirse de* su relato, pero *no están en* él". El pudor es clásico y es mágico: registra y alude a la vez; dice, sí, pero más que decir prefiere hacer aparecer, en un más allá del relato, cosas —experiencias, percepciones, reacciones: todo lo que constituye la realidad postulada— que *no ha puesto* en el relato. El pudor es una manera de *administrar* sentido (como

asegurado, y estas convicciones son mucho más importantes que las cosas que meramente se dicen". (Los pactos y las deudas parecen ser lo tácito —el tabú— por excelencia: el silencio en el que se contraen es el mismo en el que se *transmiten*. Borges, con el manuscrito de su primer libro en la mano, acude a su padre para que se lo corrija. El padre, que nunca le "dio consejos *directamente*", le dice que no, que él mismo tiene "que corregirlo después". Más tarde, Borges le da un ejemplar del libro publicado. "Mi padre nunca opinó sobre el libro", recuerda Borges, "pero después de su muerte encontramos que había guardado ese ejemplar y que estaba… bueno, lleno de correcciones, que yo aproveché para la reedición"). La misma combinación de silencio y eficacia aparece en Leonor, la madre: "Fue ella", dice Borges, "aunque demoré mucho en descubrirlo, quien silenciosa y eficazmente promovió mi carrera literaria". Borges padre, profesor de psicología, eleva esa predilección por lo implícito a una categoría pedagógica y la convierte en *método*; le enseña a su hijo, que tiene apenas 8 o 10 años, las paradojas de Zenón "con la ayuda de un tablero de ajedrez", los rudimentos del idealismo "sin mencionar nunca el nombre de Berkeley". Enseña sin poner en evidencia que enseña, disimulando que enseña, indirectamente, mediante ejemplos y rodeos, como si el carácter velado, oblicuo de la transmisión fuera una garantía de su eficacia. Ese método (enseñar A fingiendo enseñar B) es, en rigor, una verdadera escuela lógica para Borges: implica cierta concepción de la verdad (la verdad no se dice: encerrada en los pliegues del

se dice "administrar justicia"): es cierto que en la prosa clásica hay sentido, pero ¿quién podría decir dónde está? ¿Está en verdad en alguna parte? Sintáctico como es, y no lexical, ¿no es acaso **invisible**?

Escribir con pudor es profesar una doble confianza: es confiar en el poder de lo dicho a medias y confiar, también, en ese "más allá del relato" donde el sentido puede irrumpir. Forzando a la inferencia, a la deducción, a esa reconstrucción del Todo Escondido que se llama *leer*, la política borgeana del pudor fabrica una criatura que todavía no existe, alguien que no es un par del escritor y tampoco el extranjero que lo amenaza, alguien sin el cual no hay sentido posible. Fabrica un *lector*, ese otro atento, perspicaz, con el que

silencio, sólo se delata, y parcialmente, *en* lo que se dice) y proporciona, al mismo tiempo, la fórmula para desentrañarla. Esa fórmula es la *inferencia*, la operación lógica mediante la cual Borges niño reconstruía los eslabones que unían a B (el falso objeto de enseñanza) con A (el objeto verdadero pero oculto). Tal vez la inferencia sea el hilo de oro que enhebra cosas aparentemente tan distantes como la política borgeana del pudor con el trabajo con el género policial. La lógica del crimen también es pudorosa: nunca lo dice todo; habla a medias, reservándose lo más importante y delatándolo, o desfigurándolo, mediante indicios y pistas, signos que el detective (y el lector) deben seguir como rastros para reconstruir la verdad de "lo que sucedió". En Borges, como en el género policial, la inferencia es la herramienta lógica por excelencia del deseo de saber. Y no hay deseo de saber que no sea deseo de saber *sexual*. ¿No es acaso una inferencia lo que Borges hace en Ginebra, cuando, a los 18 años, ya recibido de bachiller, su padre decide que ha llegado la hora del debut sexual y le concierta una cita con una prostituta? Con la dirección, la hora y el nombre de la mujer escritos en un papel, Borges, según la versión discreta de María Esther Vázquez, "no pudo evitar el pensamiento de que estaba a punto de compartir la amante con el padre".

Bioy "Yo tendía siempre a la pedantería, al arcaísmo, al neologismo, y él [Bioy Casares] me curó de todo eso. *Sin decirme una palabra*. Simplemente *dando por sentado* que yo compartía esos juicios suyos". (*Borges el memorioso*, Conversaciones con Antonio Carrizo, 79).

soñaban Borges y Bioy en el primer párrafo de "Tlön, Uqbar, Orbis Tertius", cuando jugaban a ejecutar "una novela en primera persona, cuyo narrador omitiera o desfigurara los hechos e incurriera en diversas contradicciones, que permitieran a unos pocos lectores —a muy pocos lectores— la adivinación de una realidad atroz o banal".

Invisible Borges, para ilustrar la transparencia lacónica que predica, cita una novela íntegramente construida sobre un prodigio de transparencia visual: *El hombre invisible* de H. G. Wells. El ejemplo es extraño. Llamado para ilustrar la eficacia de la invisibilidad retórica, la moraleja que depara es cualquier cosa menos unívoca, y la práctica denodada de la transparencia termina promoviendo el retorno de su doble siniestro: el énfasis. Con ese talento extraordinario para contar argumentos ajenos, Borges escribe: "Ese personaje —un estudiante solitario de química en el desesperado invierno de Londres— acaba por reconocer que los privilegios del estado invisible no cubren los inconvenientes. Tiene que ir descalzo y desnudo, para que un sobretodo apresurado y unas botas autónomas no afiebren la ciudad. Un revólver, en su transparente mano, es de ocultación imposible. Antes de asimilados, también lo son los alimentos deglutidos por él. Desde el amanecer sus párpados nominales no detienen la luz y debe acostumbrarse a dormir como con los ojos abiertos. Inútil asimismo echar el brazo afantasmado sobre los ojos. En la calle los accidentes de tránsito lo prefieren y siempre está con el temor de morir aplastado. Tiene que huir de Londres. Tiene que refugiarse en pelucas, en quevedos ahumados, en narices de carnaval, en sospechosas barbas, en guantes, *para que no vean que es invisible.* Descubierto, inicia en un villorio de tierra adentro un miserable Reino del Terror. Hiere, para que lo respeten, a un hombre. Entonces el comisario lo hace rastrear por perros, lo acorralan cerca de la estación y lo matan".

Cuatro

El decir argentino

No todo el mundo ha leído a Borges. Todos, sin embargo, lo han *oído*. Todos saben cómo hablaba, todos sabrían reconocer su voz. A cierta altura de sus vidas, cuando los toca la fama, los escritores, por lo general ya algo cansados, tienden a relajarse y a compendiar su identidad —todo lo que son, todo lo que los ha hecho célebres— en un álbum de estampas representativas. Gestos, posturas del cuerpo, accesorios que se repiten de una foto a otra, expresiones... El ceño, la boca fruncida y los anteojos oscuros de Sabato; Cortázar y su cigarrillo, sus guayaberas, su eterno aire adolescente; los *blazers*, las pecas sonrientes de Bioy Casares. Cada una de esas señas particulares es como el logotipo del escritor, la clave que lo resume y lo identifica. Borges, naturalmente, no es una excepción, y también tiene su pequeño tesoro de iconos alusivos: los ojos estrábicos; las manos, cruzadas sobre el puño del bastón o apoyadas sobre el lomo de Beppo, el gato de angora más famoso de las letras argentinas; el pelo blanco y lacio, finísimo, como de sabio lunático de historieta... Todos esos lugares comunes de la iconografía son populares y ya están instalados en la memoria social, pero ninguno ha colonizado esa memoria con la sutileza, la eficacia y la persistencia con que la colonizó la voz de Borges. Por una curiosa paradoja, el escritor más "libresco" de la literatura argentina, el más aferrado a los protocolos de lo escrito, es también el que mejor aprovechó las posibilidades del registro sonoro, el escritor más oral, más *hablado* de la literatura argentina.

¿Por qué el decir de Borges es más popular que su literatura? En parte porque la voz viaja más y mejor que lo escrito, y porque es un material más sensible a la lógica reproductiva de los medios de comunicación de masas. De las primeras conferencias públicas, a mediados de los años cincuenta, hasta las conversaciones radiofónicas con Antonio Carrizo de principios de los setenta, la voz de Borges cruza los límites de una intimidad relativamente académica y pasa a animar el aire de uno de los programas más masivos de la radio argentina. Pero también, y sobre todo, porque en más de un sentido la voz de Borges funcionó siempre como una versión amable, "humana", de su literatura. Mientras sus libros parecían inmortales, su voz era histórica y emanaba, frágil y vulnerable, de un cuerpo; mientras los libros afirmaban el mecanismo de un estilo sin fallas, modelo de una lengua perfecta, la voz *actuaba* el traspié, el olvido o el trabajo del recuerdo, y en cada vacilación ponía en escena ese pequeño **drama** que consiste en articular ideas y palabras;

Drama Los problemas de Borges para hablar fueron tan célebres y tan obstinados como los que padecieron sus ojos. En rigor, como el asma en Proust o la tuberculosis en Kafka, la tartamudez y la miopía borgeanas tienen la ambivalencia de los males "artísticos", esas discapacidades que al mismo tiempo recortan y expanden horizontes, posibilidades, mundos.

mientras la prosa borgeana parecía hermética y autosuficiente, la voz de Borges sonaba diáfana, porosa, casi alarmada por la presencia de un interlocutor o la amenaza de una pregunta; mientras el Borges escrito proyectaba la imagen de una autoridad soberana (el Gran Acreedor de la literatura argentina), "De muy chico usaba un lenguaje totalmente extraordinario", recordaba su madre, Leonor Acevedo de Borges: "tal vez oía mal. Desfiguraba por completo muchas palabras". Es la paradoja clásica que desde Einstein, que era "malo en matemáticas", parece definir al genio en el siglo XX: el punto de máxima dificultad es a la vez el de máxima invención, la impotencia es la sede de la potencia. Miope, Borges abraza la lectura como una epopeya privada, casi suicida: tartamudo, funda un estilo literario único y lo impone como paradigma del buen decir argentino.

el Borges hablado, como un Gran Deudor Agradecido, prefería deshacerse en el arte del temblor, la duda y la falsa modestia. La voz de Borges también tuvo éxito porque, oyéndola, todos de algún modo nos *vengábamos* de Borges: cada balbuceo dramatizaba un pensamiento que parecía desplegarse ahí mismo, ante nuestros oídos, pero también nos indemnizaba por las heridas que su presencia escrita nos había infligido. El Borges escrito fascinaba pero era inapelable; el Borges oral proponía un hechizo menos costoso y tal vez más conmovedor, el de una voz expuesta, siempre en peligro, desnuda. Dulce revancha del lector humillado: Borges, al hablar, se daba el lujo de necesitarnos.

En rigor, si las vacilaciones de esa voz terminaron convirtiéndose en una huella digital borgeana, es tal vez porque la cuestión de la voz siempre fue crucial para la literatura de Borges. Profesional por excelencia de la falsificación, Borges, de entrada, parece encontrar en la voz un principio absoluto de autenticidad, el lazo genuino que lo vincula interna y naturalmente con una tradición *argentina*. En 1927, después de *Fervor de Buenos Aires*, *Luna de enfrente*, *Inquisiciones* y *El tamaño de mi esperanza*, cuando todavía reivindica su condición de escritor "enciclopédico y montonero", redacta el texto de una conferencia que titula "El idioma de los argentinos". (Lo escribe pero, aterrado por la idea de *hablar* en público, desiste de leerlo y envía en su lugar a un amigo). Allí Borges toma distancia de las dos fuerzas que amenazan, dice, la "verdad" del idioma: el lenguaje del sainete, con su proliferación de lunfardos y de jergas, y el español de los cultos, los académicos y los diccionarios. Dos lenguajes, digamos, abrumados por los artificios de la convención: sobreescritos. "Equidistante de sus copias", escribe Borges, "el no escrito idioma argentino sigue *diciéndonos*, el de nuestra pasión, el de nuestra casa, el de la confianza, el de la conversada amistad". Ese idioma no escrito garantiza una familiaridad, es decir, a la vez, un amparo doméstico y la pertenencia a cierto linaje. Es el idioma de "los mayores", los argentinos del siglo XIX (para Borges, los argentinos a secas: Echeverría, Sarmiento, Mansilla, Wilde), en quienes se consuma un milagro o una extraordinaria utopía: la escritura y la voz son estricta, plenamente *contemporáneas*: "Su boca no fue la contradicción de su mano. Fueron argentinos con dignidad: su decirse criollos no fue una arrogancia orillera ni un malhumor. Escribieron el dialecto usual de sus días: ni recaer en españoles ni degenerar en malevos fue su apetencia [...]. Dijeron bien en argentino: cosa en desuso".

Así, casi santificándola, Borges hace de la voz la piedra fundamental de una mitología argentina. La voz es original (su relación con el origen es indeleble), es natural (existe antes, más acá de la cultura), es auténtica (rechaza toda afectación), y remite de un modo directo, sin mediación alguna, a la experiencia de la construcción del país. Sólo que la voz, por esas mismas razones, está fatalmente condenada a *perderse*. "Hoy, esa naturalidad se gastó", escribe Borges en su conferencia. No tiene todavía 30 años y ya pretende promulgar el *ideal fonético argentino*, acaso alarmado (o "acorralado", según sus propias palabras) por ese complot de voces extranjeras —la inmigración italiana, la española— que desde fines del siglo pasado vienen resquebrajando la hegemonía de la naturalidad criolla. Borges lanza su mística fonética para revitalizar la argentinidad, que ya no es una misión, como en el siglo XIX, y que debe ser una vocación. Pero Borges sabe que defiende una causa perdida. Ligada esencialmente a un cuerpo, a un tiempo y un lugar determinados, a una *experiencia*, la voz es un acontecimiento que no dura, que se produce y brilla y desaparece, consumido por su propia fulguración. Se puede evocar, sí, pero nunca restituir. Si la voz es, por definición, *lo perdido*, entonces el ideal fonético argentino puede existir como lo que realmente es: el duelo ferviente de esa pérdida. En otras palabras: una *mitología*.

"Puedo falsificar, pero no definir, esa voz plana que el tabaco había enronquecido". La confesión es de 1960 y retrospectivamente casi traza un programa delictivo-literario: una imposibilidad (definir algo que se perdió) engendra una posibilidad (falsificarlo). Es el paso del Borges que recopila voces al Borges que las adultera, y del culto de la verdad original, que era fonética, a una furiosa pasión malversadora que sólo puede desplegarse en la dimensión de lo escrito. Esa "voz plana", indefinible, que condena al que la escuchó a un melancólico ejercicio de fraudulencia, es en realidad la voz de **Macedonio Fernández**, sabio oral, maestro excéntrico, suerte de Sócrates criollo cuya amistad Borges heredó de su padre para transformarla en una relación discipular decisiva. Una vez más, como lo hiciera con la ciudad ("Fundación mítica de Buenos Aires"), Borges pierde algo y lo recupera mitologizándolo. Pierde a Macedonio porque pierde la voz de Macedonio (y *todo* Macedonio, dice Borges, estaba en su voz), y al perderlo convierte ese "estilo de vida oral" en algo único, exclusivo, intransferible, algo que sólo pue-

Macedonio Fernández Es una suerte que fuera Macedonio Fernández el que estuviera en el puerto de Buenos Aires en 1921, cuando Borges y su familia volvieron de su primera estadía en Europa. Borges venía de España, donde su maestro madrileño, Rafael Cansinos Assens, lo había persuadido de que ser vanguardista era ser acaudalado y que el secreto de todo artista era la multiplicación (de sinónimos, de metáforas, de operaciones retóricas, de lenguas, de literaturas). Macedonio fue el mejor antídoto contra ese fervor de la abundancia. Tenía el humor zumbón de Mark Twain y la seca velocidad intelectual de Paul Valéry; vivía en pensiones; podía quedarse horas quieto, envuelto en un sobretodo, sin hablar, y de golpe lanzar una idea deslumbrante y atribuírsela a su interlocutor, que a duras penas estaba en condiciones de pensarla. Era anarquista; descreía de la palabra escrita: su obra se olvidaba y extraviaba cada vez que cambiaba de pensión. Era un artista de la pérdida, del ayuno y del hambre. Era cortés, maliciosamente epigramático. "No soy un lector de ruidos", dijo una vez a propósito de Lugones y de Rubén Darío. (Si los demás se reían Macedonio se incomodaba: él sólo estaba pensando en voz alta). Borges le fue un día con Victor Hugo, a quien admiraba; "Salí de ahí con ese gallego insoportable. El lector ya se fue y él sigue hablando", le dijo. "Le gustaba hablar de las cosas, no ejecutarlas", escribió Borges. Cultivaba la inacción, la ineficacia, el inacabamiento, formas irónicas de persistir alterándose en una penosa cadena de versiones, subversiones, perversiones.

No es la voz, pues, sino su pérdida, la experiencia dolorosa de su **desaparición**, lo que marca el punto de partida de la escritura de Borges. O mejor: de la *narrativa* borgeana. Se narra *porque* hay una voz que se extingue; se narra —superstición borgeana— *para* salvar esa voz de la extinción, para conservarla, como si la escritura fuera un bloque de hielo capaz de mantenerla en estado de hibernación, a la espera de una resurrección futura...

"Ya he declarado que la finalidad permanente de la literatura es la presentación de destinos", escribe Borges en uno de los artículos que componen *El idioma de los argentinos*.

de la negatividad que elevaba a una categoría estética. Situacionista antes de tiempo, solía instigar a Norah, la hermana de Borges, a que con sus amigas escribiera su nombre en papelitos y los dejara olvidados en la calle, en los vestíbulos de los cines, en las confiterías. "Durante un año o dos", escribió Borges, "jugó con el vasto y vago proyecto de ser Presidente de la República". De esos golpes de Estado mentales surgió el proyecto de una novela fantástica, *El hombre que será Presidente*, cuyos dos primeros (y únicos) capítulos redactaron juntos. Mucho de Macedonio Fernández —un mesianismo discreto, una pasión por la gratuidad, los goces de la defección— sobrevive en los personajes de sabios idiotas que a menudo protagonizan las mejores ficciones de Borges.

Desaparición Hay dos voces que marcan a Borges. Una es la de Macedonio; la otra es la voz del padre. Contrae la misma deuda con las dos, y la moneda con la que propone pagarlas también es la misma: algo que está a mitad de camino entre la lealtad y la ventriloquia. "Cuando ahora recito un poema, lo hago, sin proponérmelo, con la voz de mi padre", le dice Borges a Victoria Ocampo. Y a Antonio Carrizo: "Yo, por ejemplo, para leer a Macedonio necesito leerlo con la voz de Macedonio".

¿Y si la finalidad específica de la narración fuera la presentación de *un* destino: esa especie de sobrevida que le toca vivir a la voz en lo escrito? Para entonces (1928),

Borges todavía no ha escrito relatos; sólo poesía y ensayos. Sin embargo, en *El idioma*, que podría pasar por otra compilación más de reflexiones literarias, Borges incluye "Hombres pelearon", un texto breve, de apenas dos páginas, que habla en voz baja y casi no se anima a levantar la vista. Tímida y sigilosa, esa inclusión es en realidad algo más taimado, más retorcido, más eficaz: es una *intercalación*, una sorpresa de contrabandista que Borges deja caer entre las páginas del libro no para que el lector la encuentre, sino más bien para que tropiece con ella, para que ella lo asalte. "Hombres pelearon" es menos un cuento que un borrador, la simple relación de un "sucedido". La acción transcurre a fines del siglo XIX, "cuando las patrias chicas eran fervor": dos guapos, uno del Sur, el otro del Norte, se trenzan en un duelo a cuchillo en un callejón de tierra de Buenos Aires. Los motivos, demasiado generales, importan menos que la acción, que es seca y expeditiva. Así al menos la cuenta el narrador, un testigo distante, muy preocupado por la *voz* con que la habrían contado los protagonistas si hubieran dejado los cuchillos para ponerse a contarla. Esa inquietud, además del conciso argumento, es lo que sobrevive seis años más tarde en **"Hombre de la esquina rosada"**, el primer relato "orgánico" de Borges, que aparece en el diario *Crítica* con el título "Hombres de las orillas" y firmado con el nombre de su tatarabuelo, Francisco Bustos.

"Hombre de la esquina rosada"
"En su texto, que es de entonación orillera, se notará que he intercalado algunas palabras cultas: *vísceras*, *conversiones*, etc. Lo hice, porque el compadre aspira a la finura, o (esta razón excluye la otra, pero es quizá la verdadera) porque los compadres son individuos y no hablan siempre como el Compadre, que es una figura platónica". (Del prólogo a la edición de 1954 de *Historia Universal de la infamia*, 1935, donde el relato apareció en forma de libro).

Los duelistas, que antes sólo conocíamos por sus apodos, tienen ahora nombre y apellido: son Rosendo Juárez (del Sur) y Francisco Real, alias El Corralero (del Norte). El esquema se complica: aparecen un caudillo y una mujer, la Lujanera; Borges le da marco y algún motivo a la pelea y la suspende antes de que pueda consumarse; el duelo ya no se limita a los guapos: involucra a un tercero, el narrador de la historia, que ahora también pasa a protagonizarla. Pero el primer "cuento corto y directo" de Borges, que inaugura un largo ramal de su literatura (el ramal de los "cuentos de cuchilleros"), sigue siendo esencialmente una ceremonia fúnebre, el rito por medio del cual la escritura borgeana hace el *otro duelo*, el duelo de una voz que ha muerto. Borges escribe en su *Autobiografía*: "Un amigo mío, don Nicolás Paredes, que fuera caudillo político y jugador profesional en la zona norte, había muerto, y yo quise registrar algo de su voz, sus anécdotas, su particular forma de contarlas. Me esclavicé encima de cada página, diciendo en alta voz cada frase, procurando transmitirla en sus tonos exactos...".

Paredes es clave en las ficciones compadritas de Borges. Todo viene de él y todo, de algún modo, desemboca en él. En 1965, con algún retoque en el nombre (Nicolás por Nicanor), protagoniza una de las once **milongas** de *Para las seis cuerdas*. Y cinco años más tarde, casi 40 después de

Milongas En la "Milonga de don Nicanor Paredes", Borges le canta al caudillo que reinó en Palermo "allá por los tiempos bravos del ochocientos noventa": Paredes tiene un bigote gris, el bultito del cuchillo cerca del corazón y alguna muerte en su haber de la que no quiere acordarse. Sabía, dice Borges, "contar sucedidos". Pero ahora Paredes está muerto, y con él se desvanece todo: Palermo, los baldíos, las dagas. Antes de entrar en las milongas, en el prólogo, Borges, como siempre, pide la complicidad del lector; pide que supla la falta de música por una ima-

inspirar "Hombre de la esquina rosada", el caudillo reaparece como personaje en "Historia de Rosendo Juárez", uno de los relatos que componen el último gran libro de Borges: *El informe de Brodie* (1970). A los 70 años, después de haber experimentado todas las formas del barroco, Borges celebra haber intentado repetir el gesto de "Hombre...": redactar cuentos directos, realistas, que observen todas las convenciones del género y se limiten a preparar "una expectativa" o "un asombro". Cada cuento, en efecto, es el relato de un "sucedido", que Borges recibe de algún protagonista y que reproduce casi sin intervenir, preservando las marcas orales que la historia trae y acumuló a medida que fue circulando. Ya no es la lectura lo que desencade-

gen (la de un hombre que canturrea, acompañándose con la guitarra, en un zaguán) y que atienda más a los "acordes" que a las palabras. Una vez más, Borges postula su literatura como una mera intermediación, una ruina, algo que no tiene valor ni sentido en sí mismo y que sólo vale si consigue comunicar con ese más allá donde flotan como espectros la voz perdida de Paredes o la música muerta de las milongas. El arranque espiritista no es arbitrario. Borges, puesto a contar cómo escribió las milongas, elige presentarse menos como un autor que como un médium, sensible pero consciente de sus límites. Dice que no las escribió él sino su sangre; no su mano sino la mano de sus mayores, su abuelo Acevedo, su abuelo Borges, que por otra parte "nunca escribieron un verso". (Las milongas son un mixto de sangre, música y voz, los tres componentes que definen, para Borges, la originalidad y la intraducibilidad de una experiencia). Más allá de Borges, más allá incluso de las palabras, las milongas se escribieron a través de Borges, incluso contra su voluntad. "Yo personalmente he sido una especie de accidente". La prueba de esa curiosa ceremonia mediúmnica es que Borges, que solía corregir encarnizadamente sus textos, escribió todas las milongas directamente, sin retocar una sola coma. Cada primera versión fue la definitiva. Con una sola excepción. En la "Milonga para los Orientales" había escrito: "Milongas de los troperos / que hartos de polvo y camino / compraban tabaco negro / en el Paso del Molino". Se dio cuenta de que "compraban" era un error, que "pitaban"

na la narración, sino la escucha. Borges escribe *de oídas*. Y no es casual que Paredes reaparezca justo entonces, cuando Borges, haciendo de la abstinencia una verdadera política narrativa, se subordina a las voces de los otros y cree, como lo confiesa en el prólogo del libro, haber encontrado su propia voz.

Aunque hay muchas razones literarias que traman ese destino, Borges, en rigor, se ve *obligado* a descubrir (a redescubrir) su propia voz cuando pierde definitivamente la vista. Como en la infancia, la voz y los ojos vuelven a soldarse. De algún modo, toda la obra posterior a 1955 lleva la marca del oscurecimiento del mundo, de la desaparición de la página, del reemplazo forzoso de la escritura por la voz. Borges, que siempre le agradeció al **peronis-**

era un verbo más evidente y mucho más atinado. Al recordar el incidente, Borges dice: "Yo me equivoqué; yo *oí* mal la primera vez y puse *compraban*". Como si otro se las cantara, Borges *oye* las milongas antes de transcribirlas. La milonga como género (como mitología) pone al desnudo el pequeño dispositivo psicótico que parece coronar el drama de la voz perdida: como un místico de arrabal, Borges "escucha voces" y "escribe en lenguas".

De oídas   A lo largo de medio siglo, desde el ciclo de versiones y reversiones que llevan a "Hombre de la esquina rosada" ("Leyenda policial", "Hombres pelearon", "Hombres de las orillas") hasta *El informe de Brodie*, los cuentos de compadritos repiten la misma fórmula: hay un sucedido (un duelo, un hecho de sangre), hay alguien que participó de él o que lo presenció (un "original"), hay otro, un forastero, que se ofrece a referirlo, a "hacerlo literatura" (Borges). Borges nunca deja de acentuar el carácter advenedizo, casi *ilegítimo*, de su propia posición. "A mí, tan luego, hablarme del finado Francisco Real. Yo lo conocí", protesta el narrador compadrito de "Hombre..." ante Borges, ante la evidente insolencia de un Borges que se ha atrevido a hablar "de mentas", de un Real de **segunda mano** (véase Siete). Y más tarde, en "Juan Muraña" (uno de los relatos de *El informe...*), Borges se encuentra en un tren con Emilio Trápani, un ex compañero de escuela que alguna vez, dice, le enseñó los rudimentos del lunfardo. "Me prestaron tu libro

mo el haberlo obligado a ganarse la vida *hablando*, ahora también depende de ese soplo tenue para hacer las únicas dos cosas que sabe y le gusta hacer en el mundo: leer y escribir.

"En aquellos últimos años de la década de los cincuenta era patético verlo tomar un libro de un estante; lo acercaba tanto a los ojos que rozaba la tapa con la nariz. Luego de un rato, trabajosamente desentrañaba el título y, cuando lo había logrado, exteriorizaba una alegría casi infantil", recuerda su biógrafa María Esther Vázquez. Imposibilitado de leer y escribir por sus propios medios, Borges necesita imperiosamente de los otros (su madre, sus amigas, su corte de admiradores, las empleadas de la Biblioteca Nacional, que el escritor ha pasado a dirigir, a modo de

sobre Carriego", le comenta Trápani. "Ahí hablás todo el tiempo de malevos; decime, Borges, vos, ¿qué podés saber de malevos?". "Me he documentado", se defiende Borges. "Documentado es la palabra", lo corta el otro. "A mí los documentos no me hacen falta; yo conozco a esa gente". Y agrega: "Soy sobrino de Juan Muraña". La *no pertenencia* a un mundo, a una tradición, a un lenguaje, es la condición necesaria para convertirlos en materia literaria. Borges dibuja así uno de los perfiles de artista más intensos y productivos del siglo xx: el artista como exiliado. *Estar afuera* es la condición artística por excelencia.

Peronismo   La historia es conocida. En 1946, Borges, que llevaba ocho años trabajando como primer asistente en la Biblioteca Miguel Cané, se entera de que será trasladado. Todavía hoy subsiste alguna duda sobre el nuevo destino que le reservaban. Algunos dicen que el gobierno peronista quería promoverlo al rango de "inspector de aves, conejos y huevos" en un mercado céntrico; otros, que trabajaría en la Escuela de Apicultura de la Intendencia de Buenos Aires. Humillación personal, represalia política o simple torpeza administrativa, lo cierto es que Borges no acepta y renuncia. Cosecha adhesiones, lo desagravian con **banquetes** y artículos periodísticos, pero está sin trabajo, y su currículum no es lo que se dice un dechado de versatilidad. Victoria Ocampo y Esther Zemborain de Torres Duggan lo recomiendan como profesor de Literatura Inglesa en la Asociación Argentina de Cultura Inglesa, y luego de Literatura Norteamericana en

desagravio, desde la Revolución Libertadora): necesita de la voz de los otros para que le lean, del oído de los otros para que transcriban lo que su voz ha empezado a dictar. Es el último gran punto de inflexión que sufre, un giro cuyos efectos se prolongarán hasta su muerte y diseñarán, de algún modo, la imagen del *Borges pop*: el escritor público, asimilado y deseado por el sentido común, crecientemente masivo, condenado a terminar menos en un libro que en los suplementos culturales de los diarios, la radio o la televisión. Como Gardel o Perón (dos antecedentes que sin duda no habría elegido como colegas de nada), Borges termina identificándose con su propia voz. *Es* su propia voz y consuma,

el Colegio Libre de Estudios Superiores. Le proponen que dicte un ciclo de conferencias. No parece un horizonte muy promisorio para alguien que es famoso por su aversión a hablar en público. (Hasta entonces, la historia de todas las conferencias de Borges coincide puntualmente con la historia de todas las conferencias que Borges no se atrevió a dar, que otros dieron por él). Pero "acepté, creyéndome bastante seguro", recuerda Borges en su *Autobiografía*. "Sin embargo, a medida que la fecha se acercaba, me sentí cada vez peor". Ni siquiera lo alivia el elenco de autores que eligió, y que forman una enciclopedia abreviada del gusto literario borgeano: Hawthorne, Poe, Thoreau, Emerson, Melville, Whitman, Twain, Henry James... Escribe la primera, que "milagrosamente" sale "bastante bien", pero no tiene tiempo de escribir la segunda, de modo que dos noches antes "llevé a mi madre a dar un largo paseo por las afueras de Adrogué e hice que me tomara el tiempo. Me dijo que le parecía demasiado larga. 'Estoy salvado', contesté: mi temor era quedarme, a cierta altura, sin nada que decir. Así, a los cuarenta y siete años, descubrí que se abría delante de mí una vida nueva, de gran interés".

Banquetes "Cuando le dieron un banquete, en el momento en que Perón le quitó su puesto, [Borges] escribió un discurso, pero fue Henríquez Ureña el que tuvo que leerlo". (Leonor Acevedo).

de algún modo, ese peculiar destino musical al que parece condenada históricamente cierta "argentinidad".

Hasta entonces, la literatura de Borges había explotado cierta relación de tensión entre dos polos: una escritura *saturada* (textos "espesos", de alta densidad retórica, que presuponía la existencia de una red infinita de literaturas) y una especie de escritura *subalterna* (textos "dichos", prosódicos, cuya simple existencia presuponía una situación oral —una conversación— y la reconstrucción de un mundo perdido). El advenimiento del dictado, sin embargo, empuja la obra hacia uno de los polos: todo Borges cae bajo el imperio fonético. "Borges oral", el título de uno de sus últimos libros, puede entenderse casi en un sentido farmacológico, como el *modo de administración* de una literatura, pero también, y sobre todo, como su modo de concepción y de fabricación. No se trata sólo de que Borges multiplique las conferencias, los diálogos, los reportajes públicos, las intervenciones periodísticas (esos materiales heterogéneos, a menudo banales, que alimentan la mayor parte de su obra posterior a 1970). Dictar es también terminar de someter la escritura al régimen de la voz. A partir de 1955, Borges vuelve a la poesía, a la poesía con obligaciones (formales, métricas), que es fácil de recordar y también es portátil ("Uno camina por la calle o viaja en el subterráneo, al tiempo que compone y pule un soneto, porque la rima y la métrica poseen virtudes mnemotécnicas"); vuelve a las fábulas breves de *El hacedor*, donde el espesor estilístico tiende a disiparse en una arquitectura seca y demostrativa; y vuelve, por fin, a reunirse otra vez con los "cuentos directos". En la ficción oral, conversada, de los relatos de *El informe de Brodie*, Borges exhuma las voces espectrales de un Buenos Aires donde la verdad era una entonación, no una palabra escrita.

Cinco

Letra chica

"Cada vez que un libro es leído o releído, algo *ocurre* con ese libro", dice Borges. Algo ocurre, en efecto, pero ¿qué? ¿Qué puede ocurrir que sea lo suficientemente poderoso para que un hombre decida consumir sus ojos y su vida leyendo? ¿Qué que sea lo bastante intenso para que ese hombre, un escritor, decrete que leer "es un arte más **elevado** que escribir"?

Elevado "Que otros se jacten de las páginas que han escrito; / a mí me enorgullecen las que he leído. / No habré sido un filólogo, / no habré inquirido las declinaciones, los modos, la laboriosa mutación de las letras, / [...] pero a lo largo de mis años he profesado / la pasión del lenguaje". ("Un lector", en *Elogio de la sombra,* 1969).

Lo que ocurre, en principio, es una transformación. Con cada lectura algo se altera en el libro, en el lector y en la relación que los une. "Cada lectura es una nueva experiencia", dice Borges, que siempre predicó el **placer** no obligatorio de los libros. Una lectura es un acontecimiento único, puntual, no gene-

Placer "Ya sabe usted que soy profesor de literatura inglesa y americana", le decía Borges a Richard Burgin en 1967, "y les digo a mis alumnos que si comienzan un libro y se dan cuenta después de quince o veinte

ralizable. Pone en juego coordenadas y variables múltiples, de cuyas combinaciones, siempre singulares, depende la fortuna de la experiencia. Como las grandes citas, cada lectura tiene su lugar y su hora y organiza a su manera un bloque de espacio y de tiempo. Es *esa* lectura y no otra. Borges no vacila demasiado cuando le preguntan en qué consiste el placer *general* de leer. "Puede haber dos explicaciones opuestas", dice. "El individuo se **evade** de sus circunstancias personales y se encuentra con otro mundo, pero puede ser que al mismo tiempo ese otro mundo le interese porque está más cerca de su verdadero ser que sus circunstancias". La práctica de leer admite, pues, una doctrina; el *acontecimiento lectura,* no. De ahí los dos caminos que Borges sigue cada vez que le

páginas que el libro es una tarea pesada para ellos, que entonces dejen ese libro y ese autor a un lado por un tiempo, porque no les hará ningún bien [...] Lo que yo deseo es que se enamoren de la literatura inglesa o americana [...] No tienen que preocuparse de fechas [...] No les preguntaré las fechas de un autor, porque entonces me las preguntarían a mí y no sabría contestarles [...] En cuanto a las fechas de nacimiento pueden o no pueden tener ninguna importancia. En cuanto a las fechas de su muerte, si ellos mismos no las sabían, ¿por qué tendrían que saberlas ustedes? ¿Por qué tienen que saber más de lo que ellos sabían?".

Evasión   En la pulpería donde ha recalado, el bibliotecario Juan Dahlmann, protagonista de "El Sur", empieza a sufrir el asedio de los parroquianos que beben en la mesa vecina. Le tiran, para provocarlo, una bolita de miga. "Los de la otra mesa parecían ajenos a él", escribe Borges. "Dahlmann, perplejo, decidió que nada había ocurrido y abrió el volumen de las *Mil y una noches,* como para tapar la realidad". Sin embargo, por sí sola, la hipótesis de la evasión (leer para perderse en lo otro) no alcanza a dar cuenta del placer de leer; es preciso matizarla (dialectizarla) con su otra cara, con ese reverso siniestro que Borges nunca pasa por alto: leer para tropezar con lo mismo. En "El Sur", es justamente ese placer —la víspera *urgente* de ese placer— lo que pone a Dahlmann entre la vida y la muerte (primero) y lo que lo empuja (después) a un destino heroico y trágico. "Dahlmann había conseguido, esa tarde, un ejemplar descabalado de las *Mil y una*

toca evocar a sus escritores o sus libros favoritos. El *Quijote*, por ejemplo. Borges lee en la novela de Cervantes la puesta en práctica de una teoría del vértigo que él mismo ha suscripto más de una vez: libros dentro de libros, relatos incrustados en otros relatos, duplicaciones y reduplicaciones que expanden la narración al infinito... Pero hablar de su experiencia de lectura del *Quijote* le exige un arte distinto, más cercano, tal vez, a la arqueología: la descripción vívida y minuciosa de un hecho que sólo ocurrió *una* vez, y cuya reconstrucción lo obliga a exhumar detalles que son, a la vez, *noches,* de Weil; ávido de examinar ese hallazgo, no esperó que bajara el ascensor y subió con apuro las escaleras; algo en la oscuridad le rozó la frente, ¿un murciélago, un pájaro? En la cara de la mujer que le abrió la puerta vio grabado el horror, y la mano que se pasó por la frente salió roja de sangre. La arista de un batiente recién pintado que alguien se olvidó de cerrar le habría hecho esa herida. Dahlmann logró dormir, pero a la madrugada estaba despierto y desde aquella hora el sabor de todas las cosas fue atroz. La fiebre lo gastó y las ilustraciones de las *Mil y una noches* sirvieron para decorar pesadillas". Como la biblioteca, que sólo presta amparo a condición de fundar un orden propio de inseguridad, leer implica un rodeo paradójico: pasar por la diferencia absoluta para descubrir la identidad absoluta. Cuando Dahlmann, nieto de un pastor evangélico, "empuña con firmeza el cuchillo" y sale a la llanura a pelear, lo que vuelve en él es el linaje, hasta entonces *deseado e imposible,* de su abuelo materno Francisco Flores, lanceado por indios de Catriel en la frontera de Buenos Aires.

completamente superficiales y completamente decisivos. Borges, que leyó en inglés prácticamente todos los primeros libros que leyó, incluido el *Quijote*, recuerda en su *Autobiografía* que "cuando más tarde leí *Don Quijote* en español me pareció una pobre traducción. Todavía recuerdo aquellos volúmenes rojos con letras doradas de las ediciones Garnier. En algún momento la biblioteca de mi padre fue desbaratada, y cuando leí el *Quijote* en otra edición tuve la impresión de que no se trataba del verdadero libro. Después un amigo me consiguió la edición publicada por Garnier, con los mismos grabados en acero, las mismas notas y las mismas erratas; todas estas cosas son para mí el libro, lo que yo considero el verdadero *Quijote*".

Borges evoca aquí una experiencia de infancia, es cierto, y mucha de la luz que irradian sus detalles puede atribuirse también al prestigio del que gozan en la memoria las primeras veces. Sin embargo, o quizá precisamente *por* su condición infantil, en esa escena autobiográfica ya acecha la supersticiosa ética de lector que Borges profesará toda su vida. No hay libro que *preexista* a la experiencia de su lectura, dice Borges. Es el *acontecimiento lectura* —con todas sus coordenadas, de las más importantes a las más triviales— el que "fabrica" el libro, el que lo constituye como un presente continuo, "verdadero", destinado a durar para siempre. El *aura* de la lectura no es simplemente un "clima" exterior que envuelve al libro; es un factor *causal*, activo, que interviene —alterándolos— en el sentido y la identidad del libro, y que transforma toda una serie de accidentes y contingencias ("volúmenes rojos", "letras doradas", "grabados en acero", "erratas") en rasgos distintivos, sin los cuales el libro dejaría instantáneamente de ser el que es y se convertiría en otro. Así, pensado por Borges, un libro —el *Quijote*, la *Divina Comedia*, *La metamorfosis* de Kafka— es un curioso, desconcertante artefacto de dos caras: por un lado es un objeto que se *repite*, que viaja, siempre "el mismo", a través de contextos siempre cambiantes, y cuya identidad, signada por esa especie de nombre propio que es el título, goza del consenso suficiente para que dos personas, al nombrarlo, sepan o den por sentado que se refieren a lo mismo; pero por otro lado es algo móvil, maleable, extremadamente poroso: una fugaz apoteosis circunstancial, siempre única y siempre "otra", arraigada de manera constitutiva en las casualidades de la edición, la tipografía, las ilustraciones, el color del papel, la luz, la hora del día, el espacio, el estado de ánimo, los sonidos de los alrededores, etc. Entre esos dos **polos** se mueve el lector Borges: entre la fascinación que le provocan todos los avatares que sufre un libro a lo largo de su carrera (ediciones, reediciones, traducciones, correcciones, supresiones, etc.) y el hechizo bibliofílico,

Polos "La página de perfección, la página de la que ninguna palabra puede ser alterada sin daño, es la más precaria de todas. Los cambios del lenguaje borran los sentidos laterales y los matices; la página 'perfecta' es la que consta de esos delicados valores y la que con facilidad mayor se desgasta. Inversamente, la página que tiene vocación de inmortalidad puede atravesar el fuego de las erratas, de las versiones aproximativas, de las distraídas lecturas, sin dejar el alma en la prueba. No se puede impunemente variar (así lo afirman quienes restablecen su texto) ninguna línea de las fabricadas por Góngora; pero el *Quijote* gana póstumas batallas contra sus traductores y sobrevive a toda descuidada versión". ("La supersticiosa ética del lector").

un poco fetichista, en que lo sumerge la idea de un libro único, un "original", un "incunable". Así, leer es en Borges una de las operaciones que mejor pone en escena ese vértigo que nunca deja de sobresaltar a su literatura: la relación entre lo mismo y lo otro, entre la repetición y la diferencia.

Lo cierto es que hay pocos escritores que, expertos, como Borges, en el arte intelectual de la lectura, al mismo tiempo hayan exaltado tanto la dimensión material,

física, del acto de leer. Más allá de las evidencias genéticas, la ceguera borgeana es, en más de un sentido, un indicio de esa peculiar *cantidad de consumo* que implica la lectura. Leer es una **adicción**: el Borges niño, encerrado en la sala de la biblioteca paterna, es la versión *nerd* de un niño consumido por una adicción "respetable", un vicio cuya consigna —grito de guerra lanzado a media voz, en la soledad de su exilio del mundo— bien podría ser el *small is beautiful*. Sólo que, en el caso de Borges, la cuestión es todavía más profunda. Corto de vista, obligado, de algún modo, a reconocer "principalmente las cosas pequeñas y menudas", Borges, de entrada, asocia la lectura con la percepción, la identificación, la captura de lo diminuto. (Paradoja del miope: lo diminuto —lo

Física Borges hereda el mal de ojos de su padre. En 1927 lo operan de cataratas; es la primera de una serie de ocho intervenciones que no impedirán, sin embargo, que a mediados de la década del cuarenta ya esté prácticamente ciego. En 1938, mientras se gana la vida como bibliotecario municipal, un médico le advierte que debe racionar la lectura si quiere conservar la poca vista que le queda. Borges desafía el consejo y aprovecha el recorrido del tranvía 76, que toma todos los días, para leer la *Divina Comedia* con la urgencia de un adicto, incómodo, contra la debilidad de la luz, mientras el paisaje de la avenida La Plata desfila ignorado a través de la ventanilla. Borges, lector kamikaze, ofrenda literalmente sus ojos al Dante. Por lo demás, la obra borgeana tropieza a menudo con los efectos fatales de la lectura. Erik Lönnrot, Dahlmann, el narrador de "La forma de la espada", Recabarren en "El fin", el Benjamín Otálora de "El muerto", el sinólogo de "El jardín de senderos que se bifurcan": todos estos personajes comparten una misma forma de destino: viven, asisten a una cadena de sucesos o escuchan su relato sin comprender del todo la experiencia que les toca en suerte. Postergan la comprensión hasta el final, hasta ese momento último, decisivo, en que *releen* todo y por primera vez, retrospectivamente, un sentido aparece. La comprensión es un milagro conclusivo: el héroe borgeano sólo accede a ella en las últimas líneas del relato, cuando, en el borde mismo de la historia, relee el pasado, lo arranca del caos perplejo que era y le da un sentido. Releer es

que obliga a forzar la vista— es también lo portátil —lo que puede ser *operado* por la vista—). En Borges no hay lectura que no comprometa una sensibilidad microscópica, una atención escrupulosa a los detalles, una avidez por esas semillas ínfimas, casi imperceptibles, donde las páginas de los libros depositan sus cargas de sentido.

Arraigada en la infancia y la miopía, esa pasión por lo mínimo se convierte, con el tiempo, en una verdadera técnica de lectura, cuyos principios casi quirúrgicos son la mirada parcial y la arbitrariedad. Con una entonación que flirtea con

comprender y es también poner punto final, terminar definitivamente, pero a la vez es el punto final —el fin como destino, como cierre *ya escrito*— el que pone al personaje en la obligación de releerse, comprender y ordenar la experiencia. Víctimas de su compulsión a descifrar, todos estos héroes borgeanos aprenden la lección cuando ya no tienen tiempo para contarla: *leer mata.*

Adicción   No es casual que el *Quijote* protagonice los primeros recuerdos que Borges tiene de sí mismo como lector, y tampoco la fidelidad incondicional, la insistencia con que la novela de Cervantes reaparece una y otra vez a lo largo de su obra. "Ya Cervantes, que tal vez no escuchaba todo lo que decía la gente, leía hasta 'los papeles rotos en las calles'", escribe en "Del culto de los libros". El *Quijote* es al lectodependiente lo que *El almuerzo desnudo* de William Burroughs al *yonqui*: una autobiografía escrita por otro, una Biblia, el relato de una Pasión que es, a la vez, un éxtasis y un calvario, un manual para entrar al vicio, una guía para recorrerlo, un tratado terapéutico para salir o tratar, en vano, de salir de él.

el sarcasmo, Borges los pone en práctica en dos artículos breves, ligeramente desafiantes: "Ejercicio de análisis", de 1925, y "Elementos de preceptiva", de 1933. En el primero, una vez más, está en juego el *Quijote*, o más bien una parte mínima, ridícula, del *Quijote*: dos versos banales, imperceptibles, que Cervantes dejó caer en algún capítulo y que Borges exhuma para leer en ellos, palabra por palabra, un sentido y una verdad que no son los del *Quijote* ni los de Cervantes sino los del *funcionamiento* mismo de la literatura. Los versos son: *En el silencio de la noche, cuando / Ocupa el dulce sueño a los mortales...* ¿Qué hacer con semejante indigencia? "Analicemos con prolija humildá y pormenorizando sin miedo", escribe Borges. La lectura empieza. "*En el.* Estas dos son casi-palabras que en sí no valen nada y son como zaguanes de las demás. La primera es el *in* latino: sospecho que su primordial acepción fue la de ubicación en el espacio y que después, por resbaladiza metáfora, se pasó al tiempo y a tantas otras categorías [...] *El* es artículo determinado, es promesa, indicio y pregusto de un nombre sustantivo que ha de seguirlo y que algo nos dirá, después de estos neblinosos rodeos".

En el segundo ensayo, publicado en la revista *Sur*, Borges multiplica los objetos y arma un corpus dispar, heteróclito, cuyos valores y jerarquías estéticas se desdibujan y borran bajo el peso de la lectura. Hay una estrofa de una "chabacana milonga", dos renglones del tango "Villa Crespo", el verso ciento siete del primer libro de *Paradise Lost* de Milton, una estrofa de un poema de ee cummings, dos líneas de un cartel callejero que exhorta a abrazar la fe católica. Borges vuelve a leer microscópicamente, paso a paso, "pormenorizando sin miedo" esos *desvíos* verbales en los que descansan por igual, "democráticamente", los efectos de sentido de un gran poeta y las repercusiones de una canción popular, el impacto de un trozo de literatura y la seducción de una brizna de lenguaje callejero. Lo que importa, en ambos casos, no son los nombres de autor, ni los títulos literarios, ni el prestigio de las tradiciones, ni los sistemas de valores implícitos en las clasificaciones artísticas. La ética del Borges lector no comulga con esa moral heráldica. Borges lee, Borges prescribe leer como si la lectura fuera una actividad anterior (o posterior) a la existencia misma de la literatura: un gesto fundador, capaz, al mismo tiempo, de arrancarle *una* literatura al **lenguaje** y también de subsumirlas a todas en él. Contra los embates de otras maneras de leer (Borges tiene en mente la estilística, que postula

Lenguaje "Pienso que no hay creación alguna en los dos versos de Cervantes que he desarmado. Su poesía, si la tienen, no es obra de él; es obra del lenguaje". Lo primero que hace la técnica de lectura de Borges es problematizar el horizonte de lo legible: qué es lo que hay para leer, qué es digno de ser leído y qué no, qué debe tener un objeto para figurar en el horizonte de lo legible, etc. Toda manera de leer, según Borges, implica alguna idea sobre la literatura en general, y en primer lugar alguna idea sobre la *definición* misma de la literatura en general. Borges, al leer, contesta de una manera borgeana —esto es: *moderna*— a la pregunta *qué es la literatura*. Y contesta: nada, la literatura no *es* nada; en el mejor de los casos podría ser, simplemente, un lugar de aparición de lo poético. Uno entre muchos otros. "Yo tampoco sé lo que es la poesía", escribe Borges, "aunque soy diestro en descubrirla en cualquier lugar: en la conversación, en la letra de un tango, en libros de metafísica, en dichos y *hasta* en algunos versos".

una relación directa entre los rasgos de un estilo y la subjetividad de un artista), Borges enarbola las banderas de la retórica y prefigura los desmenuzamientos clínicos que harán famoso al estructuralismo literario. Algunos se desvelan por "palpitar la poesía"; lo que le importa a Borges es menos romántico y más técnico: es hacer visible el mecanismo de "operación y efecto" en que se funda la poesía. *"La rosa es sin porqué*, leemos en el libro primero del *Cherubinischer Wandersmann* de Silesius"*, escribe. "Yo afirmo lo contrario, yo afirmo que es imprescindible una tenaz conspiración de porqués para que la rosa sea rosa. Creo que siempre pasan de una las causas de la instantánea gloria o del inmediato fiasco de un verso".

Lo que importa, en verdad, es *pormenorizar*. ¿Hay acaso una palabra más borgeana? ¿Cuántos hábitos, cuántas prácticas, cuántos usos de Borges condensa? Leer, sin duda, no es otra cosa que pormenorizar; es decir, a la vez, desarmar un todo en una serie de partes y seguir paso a paso los hilos de sentido que van tendiéndose entre las partes. Pormenorizar es una actividad analítica y un movimiento; equivale a descomponer un conjunto y rastrear un proceso, segmentar y acompañar, cortar y acercarse. Y también, por supuesto, es una toma de posición: contra lo Grande, las Mayúsculas, el Todo —categorías graves y rígidas, fijas—, se trata de profesar el culto de lo menor, es decir: atender a lo pequeño, al temblor, al estremecimiento, a la dinámica propia de lo menor. Y lo menor, en Borges, siempre debe entenderse en sus dos sentidos: más chico, sí, pero también, y sobre todo, *inferior*, desplazado, marginal. Así, cuando Borges "pormenoriza", lo que hace es cambiar de eje, de perspectiva, de clave de pertinencia. Lee lo mayor *desde* lo menor: unas pocas migajas de Cervantes le sirven para descifrar cómo funciona toda la literatura, y una copla, una forma dialectal o una "aspereza carcelaria" encierran, de golpe, el secreto último de la realidad poética. No lee (no reconoce) la poesía argentina en Lugones ni en Almafuerte, sus próceres indiscutidos, sino en un poeta "sin estilo" como Enrique Banchs, cuya obra "no ha ejercido ninguna influencia" y tiene el mérito de ser "imparodiable". Prefiere a Macedonio Fernández antes que a José Ingenieros, y también

los grandes nombres de la historia del pensamiento lo tienen sin cuidado: los presocráticos (Heráclito, Parménides, Zenón) lo distraen de Platón, el obispo Berkeley y John Wilkins eclipsan a Hobbes y a Locke, la ascendencia de los grandes sistemas empalidece, minada por pensadores laterales e intermitentes como Fritz Mauthner o Meinong. Relativiza la gran tradición novelesca del siglo —siempre amenazada, según Borges, por la infatuación alegórica—, reemplaza sus afanes de experimentación formal por el culto del género (sobre todo por el policial, que a mediados de los años cuarenta, cuando Borges publica "La muerte y la brújula", es *el* género menor por excelencia) y a sus ídolos (Joyce, Proust, Thomas Mann) por escritores puramente "narrativos" como Robert Louis Stevenson, Chesterton o H. G. Wells, siempre amenazados por las colecciones de libros juveniles. Eisenstein y Fritz Lang lo deslumbran y enseguida lo decepcionan: demasiadas "bellezas visuales", demasiado *pathos*, demasiada falta de fe en la persuasión narrativa; cree en cambio en Von Sternberg, en el cine de gángsters y en el western, tres formas de la épica y la magia. Y cuando le toca imaginar a él, a Borges, cómo quisiera ser leído, la operación que pone en práctica es la misma: se coloca en la orilla y reivindica su propia periferia. "'El muerto' no debería ser tomado, como a veces me temo que sucede, como una alegoría deliberada sobre la vida humana", le dice a su traductor Norman di Giovanni a fines de los años sesenta, en uno de los breves prólogos con que acompaña *The Aleph and Other Stories*, la primera edición norteamericana de sus relatos: "Prefiero que la historia sea leída como una especie de aventura". Y cuando presenta "Abenjacán el

Bojarí, muerto en su laberinto", Borges exhorta a sus lectores futuros a "no tomarlo en serio", a desistir de cualquier interpretación "simbólica" y a leer el relato, en cambio, "por su humor".

A mediados de los años veinte, al mismo tiempo que publicaba sus "ejercicios de análisis" y fundaba su doctrina de lector microscópico, Borges también practicaba ese arte pormenorizador en otro campo, y aplicaba sus reglas a un objeto bastante más vasto que un libro, una poesía o que dos versos de Cervantes: la ciudad de Buenos Aires. El goce del detalle, el paso a paso como método, el margen como punto de perspectiva: los tres principios que Borges reivindica como lector son también los que regulan el otro gran "ejercicio físico" con que alguna vez distrajo su condición sedentaria: el arte de *caminar*. Leer y caminar son dos caras de una misma adicción: trazar un recorrido subjetivo, arbitrario y parcial, en una superficie sembrada de signos —página o mapa— que otros vienen dejando desde hace años o siglos. A los 21 años, Borges, que acaba de volver de Europa, **redescubre** Buenos Aires y cae rendido a sus pies.

Se convierte en un caminador infatigable, un dromómano. Caminar es una operación múltiple: es, a la vez, una manera de leer *sobre la marcha* los signos de una ciudad desconocida, una manera de *ocuparla* físicamente y una

Redescubrir Habría que decir, en rigor, que Borges la "descubre", porque durante todo el tiempo que vivió antes en ella (1899-1914) la ciudad fue para él literalmente invisible. "Descubre", es decir: ve *por primera vez* Buenos Aires. Pero la situación es un clásico borgeano y no está libre de paradojas. *No hay primera vez:* ésa parece ser la enseñanza más radical, más platónica, de la relación de Borges con Buenos Aires. O mejor dicho: toda primera vez no es más que un *efecto* de primera vez, y un efecto cuya causa reside, en

manera de reinscribir, sobre el plano de la ciudad real —la Buenos Aires de los años veinte—, el trazado de una ciudad que se desvanece en el pasado. "Realicé en la mala medida de lo posible eso que llaman caminar al azar; acepté, sin otro consciente prejuicio que el de soslayar las avenidas o calles anchas, las más oscuras invitaciones de la casualidad". El Borges caminador es una mezcla muy rigurosa de determinación y de azar: sale a caminar y se deja llevar, vagabundea sin término, llega incluso a perderse, pero esa disposición a la deriva siempre está enmarcada en un tipo de trayecto especial, un circuito ambulatorio que debe reunir características muy precisas. Borges camina siempre por los márgenes de la ciudad; su andar, su compulsión de *flâneur*, su denodado

realidad, en una segunda vez: un retorno, un repaso, una revisión. Borges descubre Buenos Aires cuando la ve por segunda vez. Así, todo descubrimiento implica una repetición y es estrictamente un *re*descubrimiento. (Ese prefijo modesto dicta toda la ley de la razón borgeana: no se trata tanto de ver como de rever, de pensar como de repensar, de escribir como de reescribir, de leer como de releer, de hacer como de rehacer). La idea, heredera de la teoría de Platón sobre el conocimiento como reminiscencia (todos sabemos todo pero lo hemos olvidado: conocer, pues, es en realidad recordar: reconocer), es casi un lugar común, pero para el sistema borgeano tiene consecuencias decisivas. Define, entre muchas otras cosas, cuál debe ser la naturaleza de un acontecimiento para que pueda entrar e intervenir dramáticamente en la lógica de la ficción de Borges. No debe ser un hecho primero, original, único, sino más bien una segunda vez, un eco, una repercusión, un "fantasma". Todo su poder, toda su fuerza de revelación descansan en la manera en que el hecho permite releer el pasado, haciendo visible lo invisible y dándole sentido a lo que era pura opacidad. En rigor, la estructura de la primera vez (la composición del descubrimiento) siempre está viciada de una impureza esencial: hay una suerte de desdoblamiento interno, de repetición, que *empañan* el privilegio de toda condición primeriza y malogran sus pretensiones de originalidad. Y así como no hay primera vez que no sea desde el principio una segunda, en

noctambulismo son formas de leer en la ciudad las orillas, los arrabales, las zonas-límite, las transiciones; en otras palabras: lee con los pies lo que en la ciudad sólo puede sobrevivir en calidad de ruina: todo lo que *ya está desapareciendo*. "Arrabal" ("Mis pasos claudicaron / iban a pisar el horizonte / y quedé entre casas..."), "Barrio reconquistado" ("nos echamos a caminar por las calles / como por una recuperada heredad"), "Calle con almacén rosado" ("Calle grande y sufrida, / eres la única música de que sabe mi vida"): de *Fervor* (1923) al *Carriego* (1930), todos los grandes textos borgeanos no son sino la transcripción elegíaca de esas lecturas pedestres.

Borges y Roberto Arlt (por citar a dos contemporáneos que no se frecuentaron demasiado)

Borges no hay descubrimiento personal y propio que no esté "cortado" desde el vamos por un elemento ajeno, una intervención exterior, un componente de otro. Desde la cubierta del *Reina Victoria Eugenia*, el barco que ya los acerca al puerto de Buenos Aires, Borges recién "descubre" la ciudad, *su* ciudad, la ciudad que escribirá y reescribirá una y otra vez en *Fervor de Buenos Aires*, cuando su hermana Norah, mirando a lo lejos el contorno de los edificios, comenta: "No me la acordaba tan bajita". (Cfr. Ocampo).

Noctambulismo Esa práctica de deriva urbana, combinada con la camaradería artística y la conversación, fue una de las marcas de fábrica de la generación de *Martín Fierro*, y aparece novelizada en el *Adán Buenosayres* (1948), de Leopoldo Marechal. Novela en clave, el libro, empeñado en ser la sucursal argentina del *Ulises* de Joyce, restituye las largas noches de esa vanguardia porteña y hace desfilar a todos sus animadores maquillándolos con seudónimos flagrantes. Schultz es Xul Solar, Frank Admundsen es Francisco Luis Bernárdez, y así sucesivamente. A Borges le toca el alias de Luis Pereda, un poeta corpulento, fanático del tango, que camina como un oso salvaje y ciego y busca desesperadamente un disco donde quedó grabada, dice, la voz nasal de un cantor primitivo. Una versión abreviada y sarcástica de la biografía de Borges —en especial de su tardío deslumbramiento argentino— puede leerse en el retrato que Admundsen hace de Pereda, probablemente ins-

viven en la misma ciudad y al mismo tiempo, pero la Buenos Aires que leen y fabrican los itinerarios de uno no tiene nada que ver con la que inventan los del otro. La ciudad de Arlt es vertiginosa, masiva, heterogénea: la ciudad cinemática del futurismo, una Metrópolis como la del film de Fritz Lang, sólo que veteada de lúmpenes y jirones dialectales. La ciudad de Borges, comparada con la de Arlt, tiene toda la melancolía de un anacronismo o, como escribe Sylvia Molloy, de un "trabajo de duelo": es "humana", "personal", está extrañamente despoblada y su escala no tiene otra medida que los pasos del que la camina; es exactamente la clase de paraíso urbano primitivo que la ciudad de Arlt está desalojando: una ciudad plena, idéntica a sí misma, *no alienada*, que sólo la mirada alienada —extranjera— del Borges caminante es capaz de hacer brillar una vez más. Es un resplandor fugaz, casi póstumo,

pirado en la mordacidad con que se trataban los martinfierristas: "Lo mandan a estudiar griego en Oxford, literatura en la Sorbona, filosofía en Zurich, ¡y regresa después a Buenos Aires para meterse hasta la verija en un criollismo de fonógrafo!". La cadena de mandos se cumple: Marechal se ensaña con Pereda, y Pereda, como sin querer, con Borges. "Criollósofo y gramático", lo llaman en una ocasión; "agnóstico de bolsillo" en otra. En el episodio culminante de la novela, el protagonista de Marechal desciende a los infiernos, el libro amplía su cartera de representados (a Joyce se suma el Dante) y el patético Pereda es acorralado por una especie de Musa implacable, que lo acusa a los gritos de impostor, de andar por los barrios "haciéndose el malevo, echando a diestro y siniestro oblicuas miradas de matón, escupiendo por el colmillo y rezongando entre dientes la mal aprendida letra de algún tango". Hay otro reproche, pero es más específicamente literario y tal vez se aplique, también, al texto y a la ambición del mismo Marechal. La Musa objeta que Pereda haga literatura con "sus fervores misticosuburbanos, hasta el punto de inventar una falsa mitología en la que los malevos adquieran, no sólo proporciones heroicas sino hasta vagos contornos metafísicos".

que envuelve a la ciudad un segundo antes de que desaparezca para siempre.

Ese Buenos Aires menor, desacreditado, que se extingue, está ahí, efectivamente, como están ahí, varados en alguna parte del *Quijote*, esos dos versitos insignificantes que encierran la verdad de la literatura. Pero para que los arrabales y los versos existan realmente (para que tengan *algún* sentido), alguien tiene que tropezar con ellos, tiene que mirarlos y, caminando, leyendo o escribiendo, apropiárselos. Es la mirada miope de Borges, siempre dispuesta a extirpar detalles, la que decreta la apoteosis de lo menor, y para esa mirada no hay mayores **diferencias** entre caminar y leer. Deambulando al atardecer por el sur, pormenorizando los barrios del oeste o exaltando la argentinidad de las fronteras de la ciudad, Borges busca, una vez más, esos *monumentos mínimos*, invisibles de tan obvios, donde ha quedado conservada la experiencia sublime que otros buscan en admi-

Diferencias Borges, que caminó y leyó los márgenes como nadie, también los escribió hasta agotarlos. Como sucede con los contratos diabólicos, lo más importante de la prosa borgeana es a menudo lo que está escrito *en letra chica*. Prólogos, epílogos, apéndices, notas a pie de página, introducciones, comentarios laterales: es mucho lo que Borges contrabandea en esas regiones periféricas de sus escritos, y todo debe leerse con precaución y suspicacia. Por convención, esos umbrales son subalternos, protocolares, y se limitan a añadir, a complementar el cuerpo principal del texto con informaciones laterales. El sentido siempre está en el cuerpo principal; todo lo que se acumula en el marco es apenas un orillado secundario, un suplemento que el lector, si quiere, puede ignorar sin perjudicarse demasiado. Con Borges las cosas son mucho menos tranquilizadoras. Los marcos no son obligaciones formales sino zonas de riesgo, franjas críticas donde el sentido peligra porque puede *cambiar*. Un prólogo, una nota al pie, una simple adenda, en Borges, pueden *decidir* todo el sentido del cuerpo principal del texto. La distinción todavía es po-

raciones más autorizadas. Como buen coleccionista, el *flâneur* tiene sus fetiches. La lista no es larga: incluye aljibes, pastitos, jardines, jazmines, un patio, zaguanes, un almacén, una tarde, una pared en la que pega una luz. Es decir: incluye sólo esa rara clase de piezas que son los *fetiches comunes*, tesoros paradójicos, dotados de una singularidad anónima, brillantes y a la vez insípidos, que Borges llamaba "sencilleces". "Sentirse en muerte" es la glosa más perfecta de uno de esos extraños *ready-mades* de experiencia. Se trata de "una escena y de su palabra", con sus "accidentes de tiempo y de lugar", escribe Borges. Una noche camina **sin rumbo** por Barracas, evitando las "calles anchas", y una "suerte de gravitación familiar" lo empuja hacia los alre-

sible, pero no para confirmar su distribución jerárquica (principal / secundario) sino más bien para sabotearla. "Tlön, Uqbar, Orbis Tertius" *empieza* recién cuando el cuento ya ha cumplido diez páginas, cuando Borges estampa al pie de un falso final la leyenda "Salto Oriental, 1940" y agrega, luego, un modesto encabezamiento, "Posdata de 1947", que empuja a una ficción hasta entonces puramente "descriptiva" hacia un destino de pesadilla. La posdata —lo que viene después— introduce aquí una posteridad algo más perturbadora que lo habitual: está fechada en 1947, lo que significa que los lectores originales del cuento, publicado en un número de *Sur* de 1940, debieron de creer que leían por primera vez una literatura del futuro. Con menos suerte, Borges repite el truco en el epílogo que escribe para la primera edición de sus *Obras completas,* donde una voz anónima, disfrazada de neutralidad, cita el artículo sobre Borges que aparece en una *Enciclopedia Sudamericana* publicada en Chile cien años después, en 2074.

Sin rumbo   Muchos años después, Silvina Ocampo, que había participado con Bioy Casares de esas excursiones nocturnas de Borges, recuerda con alguna perplejidad: "Durante años nos paseamos por uno de los lugares más sucios y lúgubres de Buenos Aires: el puente Alsina. Caminábamos por calles llenas de barro y de piedras. Llevamos hasta allí a amigos escritores que venían de Europa o de Norteamérica o incluso a argentinos a

dedores de Palermo, su barrio de infancia. Casas bajas, higueras, portoncitos: Borges llega y todo es típico y al mismo tiempo irreal. Los accidentes se confabulan: "Sobre la tierra turbia y caótica, una tapia rosada parecía no hospedar luz de luna, los que también queríamos. No había nada en el mundo como ese puente. A veces, mientras cruzábamos el puente, en una especie de sueño, nos encontrábamos con caballos, con vacas perdidas, como en el campo más lejano. 'Aquí está el puente Alsina', decía Borges cuando nos acercábamos a los desechos de la basura y la pestilencia del agua. Entonces Borges se ponía contento pensando que nuestro huésped también se pondría contento".

sino efundir luz íntima. No habrá manera de nombrar la ternura mejor que ese rosado". Borges se queda mirando "esa sencillez" y piensa: "Esto es lo mismo de hace treinta años...". Se siente muerto, en muerte, "percibidor abstracto del mundo", y comprende que esa modesta epifanía de barrio, con su mínimo ajuar de contingencias, acaba de abolir el tiempo. Como antes leyó el corazón de la literatura en dos versos menores de Cervantes, Borges, ahora, experimenta la eternidad en la imagen más pop de la ciudad: una tapia rosada.

Seis

Peligro: Biblioteca

"Yo creí, durante años, haberme criado en un suburbio de Buenos Aires, un suburbio de calles aventuradas y de ocasos visibles. Lo cierto es que me crié en un jardín, detrás de una verja con lanzas, y en una biblioteca de ilimitados libros ingleses". En otro contexto, esta confesión podría tener el sentido de un *mea culpa*. Pero Borges la incluye en el prólogo del *Carriego*, y allí, como antesala de esa exaltación del barrio de Palermo que es el libro, tiene más bien el sentido de una ironía o de un desafío: Borges admite no haber pisado ni visto las "calles aventuradas" y los "ocasos visibles" sobre los que ha escrito; admite haberlos imaginado, inventado o soñado desde su doble madriguera de infancia: un jardín con verja (la frontera que lo separa y lo protege del mundo), una biblioteca (el mundo que reemplaza al mundo). En esos cuatro renglones del *Carriego* Borges sienta las bases de su ecosistema de escritor: la primera es cortar con el mundo; la segunda es convertir la biblioteca en hábitat. Desde entonces y para siempre, Borges será y se presentará como lo que muchos de sus detractores "vitalistas" le reprocharán que sea: una criatura de biblioteca, ligada a los libros, los anaqueles y los ficheros de clasificación como un enfermo a un respirador artificial.

"Si se me preguntara cuál ha sido el principal acontecimiento de mi vida contestaría que lo fue la biblioteca de mi padre. A veces pienso que nunca he salido de esa biblioteca", escribe en su *Autobiografía*. Prácticamente todo lo que Borges recuerda de su infancia quedó atesorado y sobrevive en esa habitación exclusiva, con estanterías protegidas con cristales "donde reposaban varios miles de volúmenes". La biblioteca y la miopía (un espacio y una idiosincrasia del cuerpo, un imperio de letras y una manera de leer) son como las dos piezas solidarias que arman una infancia ensimismada, filtrada casi exclusivamente por la experiencia literaria. A los 70 años, Borges asegura haber olvidado, debido a su vista defectuosa, la mayoría de las caras de su niñez, pero recuerda "vívidamente los grabados en acero de la *Enciclopedia Chambers* y de la *Británica*". Y cuando piensa en su abuelo Acevedo, por ejemplo, piensa en "una fotografía suya". Todo Borges está condensado en este mito de infancia: la insuficiencia física, la reclusión, la necesidad de poner el mundo a distancia, la sustitución del mundo por sus réplicas (libros, fotografías, ilustraciones). El eslogan del Borges niño podría ser: lejos —muy lejos— del mundo, cerca —muy cerca— de sus representaciones.

La primera biblioteca es la del padre, en la casa de Serrano y Guatemala, pleno Palermo. Allí se emplazan y se despliegan todos los sentidos y funciones de una institución que será como el cuartel central de la vida (y la obra) de Borges. Físicamente es un espacio cerrado, protegido, y su condición aislante aparece reforzada por esa suerte de segunda pared que levantan los anaqueles cargados de libros. Es un espacio solitario, liberado de toda socialidad, donde las complicadas interacciones humanas pueden reemplazarse por la manipulación arbitraria de unos objetos relativamente inanimados (los libros). Y al mismo tiempo, siendo el territorio de asilo para el que rehúye la calle, "los destinos vernáculos y violentos" que hay del otro lado de la verja con lanzas, la biblioteca es también el centro inmóvil del universo, el punto estratégico a partir del cual es posible acceder a un repertorio infinito de mundos posibles. Un espacio aleph.

La biblioteca paterna es la fuente de todas las lecturas infantiles de Borges. O mejor: de todas las lecturas de Borges, así, a secas, porque el elenco de libros que el escritor devora durante la primera década del siglo es más o menos el mismo que lo acompañará siempre. Ahí están *Huckleberry Finn* de Mark Twain ("la primera novela que leí completa"), *Los primeros hombres en la luna,* de H. G. Wells, los relatos y poemas de Edgar Allan Poe, *La isla del tesoro,* de Stevenson, Dickens, *Don Quijote*, Lewis Carroll, las *Mil y una noches* en la traducción de Burton, la poesía de Shelley, Keats y Swinburne, libros sobre mitología griega y escandinava y, en el rubro **criollo**, el *Facundo,* de Sarmiento y muchas de las obras de Eduardo

Criollo   La literatura argentina, prácticamente restringida a la tradición gauchesca, parece predominar en otra de las bibliotecas paternas que cultivan la infancia de Borges: la biblioteca de la casa de Adrogué, "ese remoto y apacible laberinto impregnado por el ubicuo aroma de los **eucaliptos**" donde la familia Borges pasó los veranos durante décadas. Además del infalible Gutiérrez, Adrogué atesora un ejem-

Gutiérrez, libros "sobre hombres 'fuera de la ley' y 'desesperados', entre ellos *Juan Moreira*, el más destacado de todos, y también sus, *Siluetas militares*, que incluye un vigoroso relato de la muerte del coronel Borges".

Literatura anglonorteamericana, la gran tradición narrativa del siglo XIX, la biblia de las novelas (el *Quijote*), el decir argentino de los poetas gauchescos; para completar el *software* de la máquina Borges sólo hay que agregar unos pocos programas: Dante y Shakespeare, algún espécimen del género policial (que Borges ya descubre en Poe, en *Los crímenes de la calle Morgue*) y las versiones didácticas de las filosofías que le transmite su padre (el pensamiento griego, el idealismo y el empirismo inglés, el pragmatismo de William James). Y el programa clave de las

plar del *Fausto*, dedicado a su abuelo por Estanislao del Campo, *Amalia*, de José Mármol, el *Martín Fierro*, de Hernández (leído a escondidas contra la prohibición de su madre, que lo consideraba "sólo adecuado para rufianes"), tres volúmenes de Ascasubi y un librito misterioso, publicado por una editorial de París, que Borges recuerda con una extraña precisión, como si aún siguiera destellando o encerrara su destino en clave. Era uno "de esos tomos rojos con adornos y letras de oro. Y ahí estaban las siete maravillas del mundo, entre ellas el laberinto, una suerte de anfiteatro con hendijas angostas y artificios cerrados. Se advertía que era alto, más que los hombres y los cipreses. Yo pensaba: Si tuviese una lupa y la suerte de ver bien podría descubrir el minotauro. Desde luego no lo vi, pero el laberinto estaba cargado de ese monstruo. De ese hombre que es un toro o de ese toro que es un hombre, lo que dio algún horror a mis noches". Algún horror y alguna inspiración, porque lo primero que Borges escribe, a los seis o siete años y "en un inglés bastante malo", es un manual de mitología griega, y porque la asociación entre la biblioteca, el libro y el laberinto nunca dejará de insistir en su obra.

Eucaliptos   El perfume de los eucaliptos es a Borges lo que el sabor de la magdalena a Marcel Proust: "En cualquier lugar del mundo en que me encuentre, basta el olor de los eucaliptos para que yo vuelva a ese Adrogué perdido que ahora sólo existe en mi memoria".

enciclopedias. No es casual que al reconstruir la biblioteca paterna, la enciclopedia *Chambers* y la *Británica* sean los dos primeros libros que vienen a la cabeza de Borges, y que ambas encabecen, también, la lista de los títulos que componen la biblioteca del escritor en 1979, cuando ya tiene ochenta años.

En rigor, para Borges, la enciclopedia no es exactamente un libro. Anónima, hecha de miles de pequeños bloques interconectados, como la Muralla China, está más acá o más allá del libro: por su exhaustividad, su radio de alcance, su capacidad de inclusión y expansión, podría ser el Libro de los Libros, una suerte de Summa cultural pagana. En Borges, sin embargo, la enciclopedia es menos un libro que un *concepto de funcionamiento*, un complejo de instrucciones, criterios y formas de organización que define ciertas maneras de escribir y de leer un libro. Cualquier libro, todos los libros. La enciclopedia es, en ese sentido, el modelo por excelencia del libro borgeano: un *libro-biblioteca*, es decir: un libro que reproduce a escala, en un formato relativamente portátil, la lógica que gobierna el funcionamiento de una biblioteca.

Se ha dicho a menudo que Borges es un escritor "enciclopédico". El epíteto, en la mayoría de los casos, es usado como sinónimo de "erudito", de "culto", y casi siempre insinúa una objeción o una denuncia: el "enciclopedismo" borgeano como exhibicionismo cultural, como ostentación de autoridad, incluso como pedantería. (La erudición, se sabe, es insultante: como contar plata delante de los pobres). Sin embargo, saltando de un autor a otro, barajando bibliografías exóticas, surfeando entre lenguas, culturas y formas de saber heterogéneas, multiplicando las fuentes de un problema y las citas que lo ilustran, enhebrando épocas, tradiciones y mitologías diversas con el recorrido de un solo concepto, lo que Borges hace no es *exactamente* mostrar todo lo que posee, sino más bien poner en evidencia la radical *inestabilidad* que afecta a toda relación de propiedad con el saber y la cultura. Es fácil ver una *boutade*, el típico alarde de falsa modestia del amo, en el gesto de Borges de describirse a sí mismo como "un hombre semiinstruido". Más difícil —pero sin duda mucho más interesante— es entenderlo al pie de la letra: el Borges enciclopédico es el Borges formado en la cultura de enciclopedia, que es precisamente la cultura de los que *no tienen* cultura, cultura de divulgación, cultura resumida, traducida, cultura de segunda mano (véase Siete). En toda enciclopedia —aun en las prestigiosas que le gustaba consultar a Borges— vibra ese *anhelo del pobre* que hizo posibles el *Reader's Digest*, el *Tesoro de la juventud* o el *Lo sé todo*: poseer, ya que no los bienes de la cultura, al menos su representación, que el modelo enciclopédico pone en escena con **persuasiones** como

Persuasiones Borges reivindica la enciclopedia como una biblioteca de pobres, pero al mismo tiempo la singulariza y la distingue: la transforma en literatura. Borges no consulta la *Enciclopedia Británica*; la *lee*, y "leer" tiene, en ese caso, la misma jerarquía, la misma dignidad que tendría si se tratara de una tragedia de Sófocles, del *Quijote* de Cervantes o de los sonetos de Shakes-

la vocación de totalidad y diversidad, el orden, la clasificación, etc. Así, el problema es más complejo de lo que parecía. El enciclopedismo de Borges ya no sería estrictamente una veleidad, un lujo ostensible, sino más bien la práctica sistemática de cierta *ficción* del saber y la cultura universales que se llama "enciclopedia". Esa práctica es doble: es una práctica de lector, porque todo lo que lee Borges lo lee "enciclopédicamente"; es una práctica de escritor, porque Borges escribe todos sus textos *como si* escribiera una enciclopedia peare. La operación es ambigua, modesta y aristocrática a la vez; consiste en despojar la relación enciclopédica de toda instrumentalidad (Borges no *se vale* de la enciclopedia para hacer *otra cosa*), en desplazar el libro-biblioteca de su papel de herramienta referencial, en absolutizarlo, fetichizarlo y conferirle la autonomía de la que se jacta, por ejemplo, la ficción literaria. Así, la enciclopedia es todo —como lo es para quienes no tienen acceso a los bienes culturales originales—, pero es un todo que es pura literatura. De ahí, también, el aire pesimista con que Borges evalúa la evolución de la *Enciclopedia Británica*: "Empezó a decaer hacia 1911 o 1912. Ahora es una obra de consulta, pero antes era una obra de lectura. Es decir, ahora hay artículos muy breves, con muchas fechas, con muchos nombres propios; con mera historia, con mera cronología. Y antes había artículos... Había artículos de De Quincey, de Swinburne, de Macaulay. Artículos que eran monografías sobre los temas".

(la enciclopedia como "procesador" de textos).

¿Qué parentesco hay para Borges entre la biblioteca y la enciclopedia? En principio, ambas comparten la idea de tesoro, de archivo, una cierta ética del almacenamiento y la conservación; ambas descansan en creencias como la totalidad y la universalidad. Y ambas ponen en juego la relación equívoca, siempre al borde de la inestabilidad, que existe entre el orden y el caos, la necesidad y el azar, la razón y la insensatez. Comparado con las violencias del mundo, el espacio cerrado de la biblioteca puede proporcionar amparo, seguridad, un aislamiento confortable, y las muchas formas de disciplina que gobiernan los libros (inventario, orden alfabético, clasificación, catalogación, etc.) bien pueden ser un antídoto eficaz para conjurar los desplantes antojadizos de la vida. Lo mismo sucede con las enciclopedias. A primera vista sólo suministran tranquilidad. Allí está *todo*, se dice el pequeño Borges ante la *Británica*, y es obvio que ese "todo" tranquiliza porque reduce, jibariza, *acota* algo —el saber, la cultura, la memoria, la información: la *economía del sentido*— que es infinito, que no cesa de escurrirse, que siempre está creciendo y escapándose en direcciones caprichosas... Pero no sólo está todo, sino que está *ordenado*, filtrado por el tamiz de un conjunto de categorizaciones (el orden del alfabeto, los períodos históricos, las regiones del saber, etc.) no muy distintas de las que se ejercen sobre los libros que forman una biblioteca, de modo que el lector, al emprender la travesía, no corra el riesgo de perderse.

Así es, en realidad, como las bibliotecas y las enciclopedias se presentan. Así están *dadas*; eso —la quietud y el confort del orden, el placer de la fobia satisfecha— es lo que son de hecho, y en ese sentido, efectivamente, la "solución borgeana" para las inclemencias del mundo (convertirse en un ratón de biblioteca) parece tener la mezquindad de las estrategias puramente reactivas. Pero lo que a Borges le interesa —lo que le interesa *profundamente*, esto es: con la profundidad suficiente para que quiera transformarlo en literatura— no es lo que la biblioteca y la enciclopedia son de hecho, sino todo lo que, de derecho, *pueden ser*, y todo lo que son capaces de *hacer* siendo fieles al derecho que las rige. Qué rápido se resquebraja entonces el amparo, y cómo se desmoronan la tranquilidad, la asepsia, la inaccesibilidad —las dichas un poco viles del reactivo— cuando esas dos instituciones, engolosinadas con su propia lógica, dejan ya simplemente de "estar ahí" y se ponen a funcionar, a crear, a "maquinar"... Y cómo cambia el ratón de biblioteca cuando deja de apostar todo a la seguridad, cuando es él, con sus patitas de miope, el que empuja el orden hacia el desorden más loco, la regularidad hacia la excepción, la previsibilidad hacia el accidente, la familiaridad hacia lo siniestro...

La biblioteca ya no es tierra de asilo sino laberinto, tablero de una **lotería** imprevisible, parque de diversiones donde todas las atracciones están conectadas entre sí por pasadizos ocultos. Y la enciclopedia, bajo la sosegada fachada pedagógica con la que se presenta, adquiere de pronto una inteligencia oblicua y caprichosa, una malicia, un poder nuevos, y empieza a tramar relaciones inesperadas, a establecer conexiones, a intervenir en el mundo y, por fin, a alterarlo hasta volverlo irreconocible. Así, los dos textos

Lotería Borges a Antonio Carrizo: "Yo recuerdo que con mi padre frecuentábamos la Biblioteca Nacional de la calle México. Como yo era muy tímido, no me atrevía a pedir libros; pero yo sacaba algún volumen de la *Enciclopedia Británica*. Una edición bastante vieja. Es decir, superior a las actuales. Y recuerdo una noche que tuve mucha suerte. Porque elegí al azar la letra *D*, y entonces pude leer un hermoso artículo sobre Dryden, otro sobre los *druidas,* y otro sobre los *drusos*. De modo que recibí esa variada información, que he usado después. En una sola noche me fueron deparados los druidas y los drusos. Y leí, en ese artículo sobre los drusos, algo que, realmente, parece de Kafka. Dice que los drusos del Líbano tienen alguna noticia de que hay drusos en la China; lo cual sea posiblemente cierto, ya que la China es un país infinito. Y además creen que ellos son apenas una rama de esa vasta comunidad drusa que hay en la China. Eso parece de un cuento de Kafka, ¿no?". Lo que Borges reconoce en el artículo sobre los drusos es la congruencia y a la vez la insensatez

célebres que Borges dedicó a las **bibliotecas** son capítulos de una obra mayor, todavía en estado de dispersión, que alguna vez merecería reunirse bajo el título general de *Historia de la vida secreta de las instituciones más aburridas de la vida intelectual*. En "La biblioteca total", de 1939, Borges se inmiscuye en una lista de precursores ilustres (Demócrito, los pitagóricos, Cicerón, Raimundo Lulio, Nietzsche) y describe el "capricho" de una biblioteca soberana y ciega que, combinando entre sí sus múltiples volúmenes, como las letras del alfabeto o los números, lo engendraría y contendría todo. "Todo", escribe Borges, y no exagera: "la historia minuciosa del porvenir, *Los egipcios* de Esquilo, el número preciso de veces que las aguas del Ganges han reflejado el vuelo

radical de su propia manera de leer la *Enciclopedia Británica*, que a su vez no es sino la exasperación de la lógica con la que está armada la enciclopedia: *un delirio de contigüidad*. Dryden, druidas, drusos... Borges parece preguntarse: ¿qué clase de familia extraña, singular, aberrante, forman todas las cosas que una enciclopedia agrupa alrededor de la letra D? Y el pequeño episodio de los drusos lo lleva más allá, a una conjetura que parece digna de una película de terror, una de esas producciones clase B en las que las bibliotecas entran en trance cuando el último visitante las deja a solas, y las enciclopedias se ponen a delirar cuando las cierran: ¿piensan los drusos en los druidas? ¿Y los druidas en Dryden?

Bibliotecas   Los dos textos fueron escritos mientras Borges trabajaba como auxiliar primero en la Biblioteca Municipal Miguel Cané, tortuoso calvario kafkiano que se prolongará a lo largo de nueve años, de 1937 a 1946. "Fueron nueve años de profunda infelicidad", recuerda Borges en su *Autobiografía*. "En el trabajo, los demás no se interesaban sino por las carreras de caballos, los partidos de fútbol y los chistes obscenos. Irónicamente, por ese entonces, yo era un escritor conocido, excepto en la biblioteca. Recuerdo una oportunidad en que un compañero señaló en una enciclopedia el nombre de un tal Jorge Luis Borges, hecho que lo dejó asombrado al comprobar la coincidencia de nuestros nombres y fechas de nacimiento. De tanto en tanto, los empleados municipales recibíamos un

de un halcón, el secreto y verdadero nombre de Roma, la enciclopedia que hubiera edificado Novalis, mis sueños y entresueños en el alba del catorce de agosto de 1934...". La hipótesis es monstruosa, pero, al parecer, no lo suficiente. Borges la retoma dos años después en "La Biblioteca de Babel", donde el narrador es el bibliotecario, la biblioteca ha contraído la estructura arquitectónica del laberinto —"un número indefinido, y tal vez infinito, de galerías hexagonales"— y su funcionamiento peculiar responde a una serie de axiomas desconcertantes. El más pérfido es el que Borges mantiene como en reserva, sin declararlo nunca, haciéndolo trabajar en silencio: antes que un lugar de conservación, un museo o una cripta, que sólo cobran vida cuando alguien los

regalo que consistía en un paquete con un kilo de yerba para llevarnos a casa. A veces, mientras caminaba por la noche las diez cuadras que me separaban del tranvía, mis ojos se llenaban de lágrimas. Esos pequeños regalos de arriba siempre subrayaban mi existencia servil y miserable". La experiencia tiene un dejo de *déjà-vu:* evoca la humillación y las burlas que Borges cosechó al pisar una escuela de Palermo por primera vez, a los 9 años, con lentes y cuello y corbata "al estilo de Eton" (una sofisticación difícilmente apreciable para sus compañeritos de curso), pero también, a escala, episodios míticos de la vida político-literaria argentina como la vejación del unitario en *El matadero,* de Esteban Echeverría. Lo inesperado es que la escena transcurra en una biblioteca. Espacio borgeano *propio* por excelencia, la biblioteca aparece invadida, ocupada, *expropiada* por las fuerzas de las que en teoría debería protegerlo, un poco como la *casa tomada* del relato de Julio Cortázar. Es la experiencia misma de lo siniestro: lo familiar se vuelve irreconocible, extraño, amenazante. "Éramos unos cincuenta empleados realizando tareas que fácilmente hubieran podido llevar a cabo quince personas. Mi propia tarea, que compartía con quince o veinte compañeros, consistía en clasificar y catalogar los volúmenes de la biblioteca, los cuales hasta ese momento no habían sido catalogados. La colección, sin embargo, era tan reducida que podíamos encontrar un libro sin recurrir al catálogo, de manera que éste, aunque laboriosamente

visita, la biblioteca es un espacio de apareamiento, de cópula y reproducción, una fábrica extraña y constante donde se procrean las maravillas y las aberraciones que después ensimisman a los hombres. Una fábrica de sentido, insomne y voraz: "No puedo combinar unos caracteres dhcmrlchtdj que la Biblioteca no haya previsto y que en alguna de sus lenguas secretas no encierren un terrible sentido. Nadie puede articular una sílaba que no esté llena de ternuras y de temores; que no sea en alguno de esos lenguajes el nombre poderoso de un dios".

Así de taimados pueden ser, también, esos laberintos de literatura que son las enciclopedias. En "Tlön, Uqbar, Orbis Tertius", el relato que inaugura *Ficciones*, cuatro páginas de una sospechosa *The Anglo-American*

confeccionado, rara vez resultaba necesario. El primer día trabajé honestamente. Al día siguiente, algunos compañeros me llevaron aparte para señalarme que no podía hacer esa clase de cosas porque los dejaba en evidencia. 'Además', adujeron, 'como este catálogo fue ideado para darnos una apariencia de trabajo, nos dejará en la calle'. Les repliqué que yo había clasificado cuatrocientos títulos contra cien de ellos. 'Bien, si continúa a ese ritmo terminará por enojar al jefe, que no sabrá qué hacer con nosotros'. En nombre del realismo se me aconsejó no pasar de ochenta y tres libros el primer día, noventa el siguiente, y ciento cuatro el tercer día". María Esther Vázquez va todavía más lejos que Borges, y al asedio "gremial" añade la violación de una lectora (justificada por la cercanía excesiva que había entre los baños de hombres y los de mujeres) y un empleado con ínfulas de matón, siempre "calzado", que alguna vez se abrió la camisa para mostrarle a Borges el pecho cruzado de cicatrices, *souvenirs* de sus peleas a cuchillo. También añade un episodio feliz: el día en que Elvira de Alvear llama a Borges a la biblioteca para invitarlo a tomar el té. La mera irrupción telefónica de una dama de la sociedad, retratada a menudo en las sociales de *El Hogar,* bastó para alborotar el gineceo municipal de la biblioteca y para atenuar fugazmente el descrédito de Borges. Pero si la biblioteca es un espacio kafkiano no es tanto por esa inesperada porosidad a lo social, que la vuelve hostil y la preña de peligros; es más bien

Cyclopaedia dan lugar a un descubrimiento extraordinario, que primero maravilla y después espanta: hay otro mundo llamado Uqbar, un mundo inventado por una sociedad secreta de astrónomos, biólogos, ingenieros, etc., con su lengua, su doctrina filosófica, sus libros y hasta su índole peculiar de objetos, los *hrönir,* que son como ecos o copias de objetos originales. Uqbar no sólo existe; Uqbar, imagina Borges, ya ha entrometido algunos de sus *hrönir* en nuestro mundo: una brújula, un extraño cono de metal, del diámetro de un dado pero insoportablemente pesado, que un hombre deja caer en el instante en que muere... Uqbar ya está invadiéndonos. Al principio del cuento, Borges y Bioy Casares, convertidos en personajes, debatían sobre los mecanismos de la manipulación novelesca

porque Borges ocupa en ella la posición de un *exiliado doble*: exiliado del mundo (y asilado entre libros), exiliado *de* la biblioteca *en* la biblioteca (y asilado en la lectura y la escritura). Algo de Kafka hay, naturalmente, en el modo en que Borges alude al sistema jerárquico que la gobierna: "Aunque por debajo de mí había un auxiliar segundo y un auxiliar tercero, también había un director de oficiales, primero, segundo y tercero por encima de mí". Pero hay un factor Kafka que, acaso empañado por todas esas humillaciones, es quizás el más significativo. Es el *factor resistencia*. Aquí, como en Kafka, el aislamiento, el acoso, el doble exilio, incluso el desdén y el anonimato, son tanto los apremios de una violencia exterior como los instrumentos con los que Borges delimita un territorio propio, el espacio irreductible de su autarquía, en medio de un campo enemigo. Kafka, ávido por desaparecer, se empleaba en una oscura compañía de seguros; Borges busca la invisibilidad en la Biblioteca Miguel Cané, en uno de esos puestos subalternos que sólo saben apreciar los *gourmets* del anonimato como Kafka o Robert Walser. Kafka escribía en una habitación en el centro de la casa familiar, su "cuartel general", asediado por todos los ruidos y las voces de la casa, prácticamente acorralado por las fuerzas opuestas a su literatura, en pie de guerra; Borges nunca escribe o lee tanto como durante el tiempo que pasa trabajando en esa biblioteca enemiga. Su vitalidad es irreductible como la del recluso, la del desahuciado. Lee la

mientras cenaban en una quinta de un suburbio de Buenos Aires. Para justificar un espejo que los acecha desde el fondo de un corredor, Bioy, con alguna inocencia, cita un refrán que parece de Borges: "Los espejos y la cópula son abominables, porque multiplican el número de los hombres". Borges, entusiasmado, pregunta de quién es "la memorable sentencia". "[Bioy Casares] Me contestó que *The Anglo-American Cyclopaedia* la registraba, en su artículo sobre Uqbar". En menos de un párrafo, la insidia de una enciclopedia involucra a ese inofensivo *tête-à-tête* literario en las redes de un complot destinado a apoderarse del mundo.

La hipótesis de "Tlön" es fantástica y es inquietante. A principios del siglo XIX, en Memphis, dos de los *Divina Comedia* en el tranvía "atestado"; despacha en una hora las tareas de su puesto y se hunde en el sótano, donde "permanecía las cinco horas restantes leyendo o escribiendo. Recuerdo haber releído de esta manera los seis tomos de *Decadencia y caída* de Gibbon y todos los tomos de *Historia de la República Argentina* de Vicente Fidel López. Leí a León Bloy, Claudel, Groussac y Bernard Shaw. Durante las vacaciones traducía a Faulkner y a Virginia Woolf". Y escribe, escribe infatigablemente, con la salud y la energía del autárquico, del que sólo tiene una cosa que perder: sus cadenas. Escribe todos los cuentos de *Ficciones,* muchos de los relatos de H. Bustos Domecq, prólogos para antologías que él mismo prepara, reseñas, artículos, comentarios sobre la vida literaria, colaboraciones para *Sur, El Hogar, Los Anales de Buenos Aires.* Es esa fertilidad loca, subterránea, signada por lo imperceptible y lo clandestino, la que repite los ecos de Kafka, no el martirologio de la humillación, el calvario del niño bien avasallado por la chusma de barrio. Del sótano de la Biblioteca Miguel Cané salieron, no por casualidad, las retribuciones con las que Borges reconoció la deuda que contrajo con Kafka: el prólogo (y posiblemente la traducción) de la primera edición en lengua española de *La metamorfosis,* la traducción de "Ante la ley" y el cuento "La Biblioteca de Babel", "mi cuento kafkiano", "concebido como una versión pesadillesca o una magnificación de aquella biblioteca municipal".

primeros miembros de la logia se preguntan cómo inventar un país. Uno, que es millonario, desecha la idea (¿puede haber algo más redundante, en la Norteamérica de 1820, que inventar un país?) y propone la invención silenciosa de un *planeta*. El modelo a seguir, previsiblemente, no es el mundo sino uno de sus testimonios más escrupulosos: los veinte tomos de la *Encyclopaedia Britannica*. El millonario Buckley "sugiere una enciclopedia metódica del planeta ilusorio". La idea es casi un logotipo de la razón borgeana: redactemos la enciclopedia del nuevo mundo y el nuevo mundo vendrá después, por añadidura, como una irradiación del libro. El tema de "Tlön" no es sólo la postulación de una *identidad* entre **libro y mundo**. Es sobre todo la exaltación, entre eufórica y aterrada, del poder que tiene un libro —la enciclopedia— para *producir* otros mundos: para imaginarlos, engendrarlos e imponerlos sigilosamente en ese mundo que llamamos "nuestro".

Libro y mundo "El mundo, según Mallarmé, existe para un libro; según Bloy, somos versículos o palabras o letras de un libro mágico, y ese libro incesante es la única cosa que hay en el mundo: es, mejor dicho, el mundo". ("Del culto de los libros", 1951).

"Tlön" es sin duda *la* ficción por excelencia del Borges enciclopédico, el Borges ratón de biblioteca. Sólo que aquí la biblioteca, como la enciclopedia, es todo lo contrario de una institución tranquilizadora: región de incertidumbre o terreno minado, es más bien un espacio de perplejidad, de inquietud, de amenaza. La aventura encuadernada. Después de haber leído las cuatro páginas sobre Uqbar en el tomo de la *Anglo-American Cyclopaedia* (todo en el volumen parece falso: la carátula, el lomo y hasta la indicación alfabética, *Tor-Ups*, que excluye por fuera lo mismo que incluye por dentro: *Uq*bar), Borges y Bioy van a la **Biblioteca Nacional** a corroborar la existencia del mundo. "En vano fatigamos atlas, catálogos, anuarios de sociedades geográficas, memorias de viajeros e historiadores: nadie había estado nunca en Uqbar. El índice general de la enciclopedia de Bioy tampoco registraba ese nombre". La ambición exhaustiva, propia a la vez de la biblioteca y la enciclopedia, ya incubaba un germen de delirio; "Tlön", para que renunciemos a todo consuelo, demuestra también que *no encontrar* algo en esa exhaustividad es un principio de demencia. Como *El fantasma de la ópera* hizo del teatro, de la *sala* teatral, un espacio "poseído" y siniestro, Borges socavó para siempre la inocencia, la

Biblioteca Nacional   En 1955, tras el derrocamiento de Perón, Borges es nombrado director de la Biblioteca Nacional, puesto que ocupará durante dieciocho años. La designación tiene todo el valor de una revancha política: "Ahora que voy a dirigir [la Biblioteca Nacional], pienso en las necesidades y anhelos del lector", dijo al asumir el cargo. "Victor Hugo ha dicho que una biblioteca es un acto de fe. Todos sabemos que el régimen anterior se dedicó a destruir el pasado, quiso anularlo, pero felizmente siguió viviendo en las conciencias argentinas, no obstante la persecución. El pasado argentino legó un nombre, el de San Martín, y la dictadura, pese a su empeño, no pudo disimular que su verdadero precursor había sido Rosas". Al ocupar el despacho de su admirado Paul Groussac (director de la biblioteca a principios de siglo), Borges reescribía, conjurando todas sus desdichas con el prestigio del reconocimiento oficial, los nueve años en la Biblioteca Miguel Cané, y cauterizaba varias de las heridas que le había infligido el peronismo: su destitución de la Miguel Cané y su nombramiento como "inspector de aves y conejos", el encarcelamiento de su madre y de su hermana Norah. La paradoja es que Borges, como Groussac y como José Mármol, dos de sus antecesores en el puesto, llega a reinar sobre los ochocientos mil libros de la calle México cuando está ciego y ya no puede verlos. "Nadie rebaje a lágrima o reproche / esta declaración de la maestría / de Dios, que con magnífica ironía / me dio a

fe, la despreocupada credulidad con la que se visitaban las bibliotecas y se consultaban enciclopedias, convirtiéndolas en las Tienditas del Horror de la literatura.

la vez los libros y la noche", escribió tres años después en el "Poema de los dones".

Siete

Segunda mano

En 1933, acaso sin proponérselo, Ramón Doll (un escritor nacionalista de cuyo nombre hoy nadie quiere acordarse) redactó una descripción particularmente perspicaz del *modus operandi* de Borges. Doll no pretendía describir sino más bien criticar, incluso descalificar: si se ocupaba de Borges y de su obra no era con intenciones pedagógicas, sino directamente represivas, como lo promete el título del libro en el que incluye su alegato: *Policía intelectual*. En apenas veinte renglones indignados, Doll suministra uno de esos extraordinarios malentendidos que Borges solía descubrir, maravillado, en el arte equívoco de la lectura.

Después de vapulear al "escritor Borges", Doll arremete contra *Discusión*, el libro de ensayos que Borges ha publicado un año antes. "Esos artículos, bibliográficos por su intención o por su contenido", escribe, "pertenecen a ese género de literatura parasitaria que consiste en repetir mal cosas que otros han dicho bien; o en dar por inédito a *Don Quijote de la Mancha* y *Martín Fierro*, e imprimir de esas obras páginas enteras; o en hacerse el que a él le interesa averiguar un punto cualquiera y con aire cándido va agregando opiniones de otros, para que vea que no, que él no es un unilateral, que es respetuoso de todas las ideas (y es que así se va haciendo el artículo)". Doll está escandalizado, sí, pero su escándalo no tiene por qué empañar la atención, la nitidez con que busca incriminar a su presa. Dejando de lado los acentos morales —tan típicos de la profilaxis policial—, los cargos que levanta contra Borges suenan particularmente atinados. (Tan atinados, en realidad, que resultan redundantes: Borges, adelantándose a su perseguidor, a menudo los confiesa espontáneamente en el mismo libro por el que lo acusan). Borges, según Doll, abusa de las cosas ajenas: repite y degrada lo que repite: no sólo reproduce textos de otros sino que lo hace inmoderadamente, como si nunca hubieran sido publicados; asume una actitud "tolerante" sólo a modo de pose, como un **ardid** para legitimar moralmente algo que tal vez sea un vicio (la pereza) o un delito (el plagio). Difícil encontrar, para

Ardid Doll también desenmascara los "dos hermosos trucos" que Borges usa para citar los artículos de diccionario que lo inspiran: "uno, el de citarlo directamente al 'Diccionario', como aquel que deja las joyas en un lugar bien visible para que no se las roben, por eso, porque nadie pensará que están ahí; otro, el de citar el artículo cuyos jugos absorbe con un aire de lástima". La sofisticación del primero —que Borges hubiera aceptado compartir con Doll— es digna del Poe de *La carta robada*: Borges, de acuerdo con Doll, hace explícita su fuente para volverla invisible, para que nadie advierta que el autor de la idea no es Borges sino el diccionario. El segundo parece contradecir o completar al primero: Doll, que antes le reprochaba cierta languidez digestiva, ahora acusa a Borges de modificar, con un "aire de lástima", la materia misma que lo alimenta. No hay salida: si Borges "repite" va preso por vago, por vividor, por hacer trabajar a los demás; si altera lo que repite lo condenan por desleal, por desdeñar lo que lo nutre.

resumir esas imputaciones, una carátula más gráfica que la que elige Doll: *parasitismo*, literatura *parasitaria*. Es muy probable que Borges, contra toda expectativa de Doll, no la haya desaprobado. Con la astucia y el sentido de la economía de los grandes inadaptados, que reciclan los golpes del enemigo para fortalecer los propios, Borges no rechaza la condena de Doll, sino que la convierte —la *revierte*— en un programa artístico propio.

La obra de Borges abunda en esos personajes subalternos, un poco oscuros, que siguen como sombras el rastro de una obra o un personaje más luminosos. Traductores, exégetas, anotadores de textos sagrados, intérpretes, bibliotecarios, incluso laderos de guapos y cuchilleros: Borges define una verdadera *ética de la subordinación* en esa galería de criaturas anónimas, centinelas que custodian día y noche vidas, destinos y sentidos ajenos, condenados a una fidelidad esclava o, en el mejor de los casos, al milagro de una traición redentora. Ser una nota al pie de ese texto que es la vida de otro: ¿no es esa vocación parasitaria, a la vez irritante y admirable, mezquina y radical, la que prevalece casi siempre en las mejores ficciones de Borges? ¿No es bajo el impulso de esa pasión extraña —someterse a otro, seguir su rastro, ser nada más que su eco— como Erik Lönnrot sale tras los pasos de Red Scharlach, como Vincent Moon vende al héroe de la resistencia irlandesa al que admira, como Benjamín Otálora imita y pretende suplantar a Acevedo Bandeira y finalmente muere? Y Pierre Menard, que corona una larga serie de sumisiones literarias (traducciones, prefacios, trasposiciones, réplicas) escribiendo de nuevo unos capítulos del *Quijote*, ¿qué es Pierre Menard si no el colmo del escritor-parásito, el iluminado que lleva la vocación subordinada a su cima y a su extinción?

Este desfile de dependientes no es raro. A lo largo de su carrera, el mismo Borges no desaprovechó ocasión para desempeñar ese papel. Los años multiplican sin cansarse las figuras del parásito: Borges traductor, anotador, prologuista, antólogo, comentarista, reseñador de libros... Una importantísima dimensión de la obra borgeana se juega en esa relación en la que el escritor llega siempre *después*, en segundo término, para leer, o comentar, o traducir, o introducir una obra o un escritor que aparecen como primeros, como *originales*. Es uno de los axiomas básicos en los que descansa la política borgeana: *original siempre es el otro*.

La primera de esas figuras parásitas —el traductor— aparece muy temprano en Borges: tiene apenas diez años cuando su versión española de "El príncipe feliz", el cuento de Oscar Wilde, aparece en el diario porteño *El País*. Es lo primero que publica, y también la primera vez que Borges pone a trabajar un capital familiar decisivo: el bilingüismo. A primera vista, la tarea de traducir traduce y simplifica de un modo casi pedagógico la estructura parasitaria: hay un autor (un artista) y un traductor (un subartista); hay un original (primero) y una traducción (segunda); hay una lengua (del) original y otra de traducción; la traducción depende (se alimenta) del original: la existencia de la traducción presupone la del original, pero no a la inversa. En Borges, sin embargo, nada es como parece. Los traductores de Borges (los personajes que traducen *en* sus ficciones, los traductores leídos por Borges, el Borges traductor de Faulkner, de Virginia Woolf, de Joyce o de Kafka) son siempre díscolos, irrespetuosos, arbitrarios; en una palabra: *impertinentes*. Ponen en cuestión no sólo los términos de la estructura parasitaria (qué es el original y qué la versión, en qué medida la primera es primera y la segunda segunda) sino, sobre todo, la pertinencia de la estructura misma.

Tal vez el germen de esa zozobra esté ya en la singular experiencia borgeana del bilingüismo. La simultaneidad, la relación de paridad entre el inglés (lengua paterna) y el español (lengua materna) son totales, a tal punto que prácticamente no hay *diferencia* entre las lenguas. Borges las recuerda como una suerte de continuo indistinto, en el que las alternancias —hablar una u otra— no implicaban un cambio de lengua sino más bien de registro y estaban dictadas por usos y necesidades familiares: "Cuando le hablaba a mi abuela paterna lo hacía de una manera que después descubrí que se llamaba hablar en inglés, y cuando hablaba con mi madre o mis abuelos maternos lo hacía en un idioma que después resultó ser español". Aboliendo distinciones y jerarquías (lengua materna / lengua de cultura, original / versión, lengua primera / lengua segunda), la experiencia del **bilingüismo** despeja en Borges el camino para la formación de una nueva especie de parásitos: traductores infieles, lectores estrábicos, comentaristas

Bilingüismo Si no hay límite entre las lenguas, lo que desaparece también es la *pertenencia* lingüística. Borges no pertenece al inglés (aunque es la primera lengua en la que lee) más que al castellano (aunque es la lengua en la que le habla su madre): navega entre dos lenguas sin estar, sin vivir, sin *responder* a ninguna. La infancia bilingüe ha formado en Borges a un escritor expatriado.

que se distraen, prologuistas digresivos, anotadores olvidadizos, antólogos arrogantes. No es que dejen de vampirizar el organismo al que viven adheridos; más bien llevan la vampirización hasta sus últimas consecuencias, hasta que, embriagados de sangre ajena, traicionan la condición de su especie y producen algo *nuevo*.

Estos neoparásitos subversivos hacen exactamente lo que Ramón Doll le reprochaba al Borges de *Discusión: repiten mal lo que otro dijo bien*. Para Borges, esa mera equivocación basta para hacer de un parásito un artista. Ésa es la tesis de "Los traductores de las *1001 noches*", el gran ensayo de 1936 en el que Borges despliega su alegato en defensa del parasitismo literario. El texto es ejemplar, y sus quince páginas bastarían para refutar muchos de los prejuicios que todavía pesan sobre Borges. Su propósito central —historiar las versiones que Antoine Galland, Edward Lane, Richard Burton y Joseph Mardrus hicieron de *Las 1001 noches*— podría dar pie para una razzia erudita: "restablecer" el sentido del original, denunciar los desvíos y las adulteraciones a que fue sometido, imponer jerarquías sobre las diferentes traducciones, impartir premios y castigos, etc. Es exactamente lo contrario de lo que le interesa a Borges. "Celebrar la fidelidad de Mardrus es omitir el alma de Mardrus", dice, "es no aludir siquiera a Mardrus. Su infidelidad, su infidelidad creadora y feliz, es lo que nos debe importar". Si Borges fuera un erudito, el ensayo sería el seguimiento y la escrupulosa corrección de las infracciones que una serie de traductores cometieron contra la letra original de un libro madre. El ensayista "pondría en su lugar" lo que los traductores desacomodaron. Lo que Borges escribe, en cambio, es un gozoso elogio de la infracción, una exaltación del desvío. Todo el placer está en el fuera de lugar. Borges lee las versiones con un detenimiento obsesivo, las compara, discute cada solución de traducción como si fueran metáforas o estrategias narrativas; es decir: no las pone en relación con el texto original de *Las 1001 noches*, para aprobarlas o rechazarlas, sino más bien con los *contextos* de cada versión, con las circunstancias históricas y culturales en las que fue hecha, con el "imaginario oriental" que rige en cada uno de esos contextos. Más aún: en un ensayo que coteja varias traducciones de un mismo libro, Borges omite de plano lo que cualquier mirada erudita consideraría *el* problema por excelencia: la cuestión del *original* árabe. En un alarde de destreza y de ironía, Borges, cuya ignorancia del árabe es casi tan vasta como su conocimiento del inglés, decide extirparla de raíz: en "Los traductores de las *1001 noches*", la cuestión del original *ya no es pertinente*. El amo (el libro madre) ha sido destituido; por medio de un pequeño golpe de Estado, Borges *emancipa* las traducciones del régimen

Original Se sabe que Borges leyó por primera vez el *Quijote* en inglés, y que durante mucho tiempo ése fue para él el *Quijote*. Si las biografías no lo atestiguaran, el recuerdo de infancia podría pasar por una provocación *ad hoc*, concebida retrospectivamente para corroborar con un mito de origen lo que más tarde será el programa literario de Borges. Comoquiera que sea, Borges somete al *Quijote* a un verdadero cambio de lengua (como se dice *cambio de sexo*), y en esa operación translingüística descubre dos argumentos borgeanos —dos principios de inestabilidad— que usará hasta el cansancio: uno, insidioso y maligno, es el que "despega" e independiza al *Quijote*, quizás el clásico más representativo de la lengua española, de la lengua de la que la tradición lo obliga a ser el emblema; el otro, que explica por qué en "Las versiones homéricas", uno de los ensayos incluidos en *Discusión,* Borges sostiene que "la traducción parece destinada a ilustrar la discusión estética", declara con una lacónica convicción que todo

esclavista que las sojuzgaba. Antes eran ecos, réplicas acosadas por un mandato (la literalidad) y una amenaza (la traición); ahora son *ficciones*, y cada traición cometida, cada desvío, cada atentado contra el original tienen los méritos, los deméritos pero sobre todo la *soberanía* de cualquier artificio literario.

Aligerar, deformar, forzar, suprimir, incluso equivocarse ("mejorado por las erratas", le gustaba decir a Borges): todas las **violencias** que la traducción impone al original adquieren en Borges una dignidad nueva y una extraña, desconcertante alevosía. Violar la literalidad es un procedimiento retórico, igual que respetarla, y si ambas decisiones deben ser juzgadas, el criterio borgeano para hacerlo no es la relación con el original (la distancia o la

original siempre es *ya* una traducción, que todo original nace de algún modo traducido. De ahí la constancia con que Borges rechaza la condena —la moral— implícita en el dicho *traduttore traditore,* y todo el sistema de valores y creencias que sostiene la tesis sobre la supuesta "inferioridad normal" de las traducciones. En el prólogo a una traducción de *El cementerio marino* de Valéry —otro sagaz avatar de su prédica parasitaria—, Borges parasita varios de los argumentos de "Las versiones homéricas" y dice que "no hay un buen texto que no se afirme incondicional y seguro si lo practicamos un número suficiente de veces". Y sigue: "Invito al mero lector sudamericano —*mon semblable, mon frère*— a saturarse de la estrofa quinta en el texto español, hasta sentir que el verso original de Néstor Ibarra *La pérdida en rumor de la ribera* es inaccesible, y que su imitación por Valéry, *le changement des rives en rumeur,* no acierta a devolver íntegramente todo el sabor latino". El verso del traductor es el original; la imitación es el del autor.

Violencias También en materia de traducciones Borges tiene sus gustos. Desdeña la corrección, la fidelidad reverencial, la vocación de neutralidad, la transparencia. Por eso la de Littman, que gracias a esos atributos merece la aprobación de los arabistas y de la *Enciclopaedia Britannica,* le parece apenas "lúcida, legible y mediocre", y por eso prefiere las de Burton, Lane y Galland, menos ortodoxas, probablemente, pero mil veces más intrépidas, más complejas, más desafiantes. Traducir un libro, para Borges, es garantizarle no

proximidad con respecto a su sentido último) sino la capacidad que cada una tiene de alterar, de desestabilizar su identidad, de desarraigar sus sentidos y recolocarlos en un bloque nuevo de espacio y de tiempo, volverlos permeables a circunstancias que nunca previeron pero que la mezquindad de una supervivencia sino el riesgo, incluso la insensatez de un destino aventurero. Borges se asoma a la versión de Littman y lo único que lee es la decepcionante "probidad alemana". "El comercio de las Noches y de Alemania debió producir algo más", se lamenta. Es como si deplorara el despilfarro de una oportunidad *artística* única: "¿Qué no haría un hombre, un Kafka, que organizara y acentuara esos juegos, que los rehiciera según la deformación alemana, según la *Unheimlichkeit* de Alemania?".

son, ahora, las que de algún modo están leyéndolos, y más tarde las que otros leerán como si *formaran parte* del texto original. "Nosotros, meros lectores anacrónicos del siglo xx, percibimos en ellos [los doce volúmenes de la traducción de *Las 1001 noches* de Galland, del siglo xviii] el sabor dulzarrón del siglo dieciocho y no el desvanecido aroma oriental...".

Así, mucho más que una simple *ilustración* de problemas artísticos, la traducción es en Borges la máquina que los produce y, a la vez, el modelo que sirve para pensarlos. La traducción, dice, "es consustancial con las letras y con su modesto misterio": no es subsidiaria, no deriva de la literatura como una extensión, una secuela, o una versión contingentes; la traducción *es* la literatura, o al menos encarna ese laberinto problemático en el que Borges convierte la literatura. Borges da vuelta de nuevo los términos: no piensa la traducción (el caso) a partir de la literatura (el modelo general) sino la literatura a partir de la traducción. El caso es el modelo, y el modelo no es sino la esfera que reproduce la lógica singular del caso. "¿Qué son las muchas [traducciones] de la *Ilíada,* de Chapman a Magnien, sino diversas perspectivas de un hecho móvil, sino un largo sorteo experimental de omisiones y de énfasis? No hay esencial necesidad de cambiar de idioma; ese deliberado juego de la atención no es imposible dentro de una misma literatura".

Eso explica la extraña, encarnizada batería de preguntas con que Borges suele interrogar a las traducciones que lee. ¿En qué época un libro es traducido? ¿Quién es el traductor? ¿Para quiénes, para qué público traduce? Desde esa perspectiva, la deuda que la traducción contrae no es tanto con el sentido del libro, arraigado de algún modo en un pasado absoluto, irrecuperable, como con el *presente* mismo en el que se lleva a cabo la traducción, con el contexto contemporáneo en el que el traductor relee y reescribe el original. Borges examina la traducción de Burton de las *1001 noches* y se detiene en una flagrante particularidad: la reposición de todas las minucias eróticas que Lane, el traductor anterior, había omitido. Cualquiera se preguntaría si el original árabe las incluye o no; Borges, en cambio, se desentiende del problema y hace surgir otro, sin duda más afín a su manera de pensar: "¿Cómo divertir a los caballeros del siglo diecinueve con las novelas por entregas del siglo trece?". Éste es el tipo de preguntas que hay que hacerle a una traducción; éste es el tipo de preguntas que toda traducción se formula y de algún modo, implícitamente, responde.

Forma de ficción parasitaria, la traducción es el gran modelo de la práctica borgeana. A diferencia de la "escritura inmediata", cuyo mecanismo suelen velar "el olvido", "la vanidad" y "el prurito de mantener intacta y central una reserva incalculable de sombra", esta literatura mediata no teme hacer visibles las reglas de su propio funcionamiento. En particular una, la más abstracta y, también, la más medular de la poética borgeana: hacer ficción es deportar un material ya existente de su contexto e injertarlo en un contexto nuevo. La fórmula es simple, económica, de una elegancia casi ajedrecística. Lo incluye prácticamente todo: la política del parasitismo, el elogio de la subordinación, el goce de la lectura y la glosa, la desestabilización de las jerarquías, las clasificaciones y las categorías, la relación entre lo Mismo y lo Otro, la repetición y la diferencia, lo propio y lo ajeno; la idea-fuerza de una literatura que sólo tiene sentido si se mueve, si se desarraiga, si pone en peligro su propia integridad.

En rigor, el modelo de la traducción prepara el terreno para que aparezca el síndrome borgeano por antonomasia: la *segunda mano*. Insinuado ya por Doll, el giro delictivo —Borges como artista de la copia y la falsificación— se veía venir. ¿No hay en todo parásito un truhán en potencia? ¿Y qué es el parasitismo sino la institución de una economía al borde de la ilegalidad, basada en el desvío de recursos, en el arte de "colgarse" de una economía ajena y de distraerle divisas, fuerzas, valores? Leer, glosar, reseñar y traducir son sólo algunas formas evidentes de ese parasitismo. También lo es narrar, pero narrar a la manera de Borges, cuyos relatos recién se ponen en marcha una vez que descubren los tesoros de algún yacimiento ajeno. Los principios de los cuentos de Borges son tan infalibles como el "Había una vez" de las ficciones infantiles: "Cuentan los hombres dignos de fe"; "De las historias que esa noche me contó, me atrevo a reconstruir la que sigue"; "En Junín o en Tapalquén refieren la historia"; "Dicen que la historia fue referida por Eduardo, el menor de los Nelson"; "Hace ya tantos años que Carlos Reyles me refirió la historia en Adrogué"; "En un ejemplar del primer volumen de las *Mil y una noches* descubrimos el manuscrito que ahora traduciré al castellano...". La fórmula puede variar, la fuente ser oral o escrita, pero el esquema repite la antigua consigna de *Historia universal de la infamia*: "falsear y tergiversar ajenas historias". Borges rara vez se presenta en sus relatos como el que inventa una historia; su función, más bien, consiste siempre en recibirla de otro, en escucharla o leerla, como si el primer paso para contar una historia fuera ser su destinatario. La narración no implica una progenitura sino una especie de adopción providencial y tardía, *secundaria*, que no sólo se hace cargo de una historia ajena sino que preserva, también, todo lo que en ella delata que es ajena (las huellas de sus autores, las marcas que las circunstancias imprimieron en ella). A lo largo de su obra, Borges nunca deja de volver a esta suerte de escena primordial donde se decide cómo nace una narración (de dónde, en qué marco, en qué circunstancias) y qué clase de figura es la que tiene a su cargo narrarla. Si algo puede decirse del narrador borgeano es que en principio *no tiene nada propio*. Ni capital de experiencia, ni capacidad de invención, ni poder generativo: nada de lo que suele volver apetecible la imagen de un escritor. A lo sumo tiene cierta *ubicuidad,* que le permite estar en el lugar y el momento justos para interceptar la trayectoria de una historia y apoderarse de ella. El artista borgeano no es padre ni demiurgo; su épica es más modesta, más astuta, infinitamente más contemporánea: es la épica del transmisor, el propagador, el contrabandista, el que, excluido de la órbita de la propiedad, se aboca a trabajar con lo que hay.

El mundo ya está hecho, dicho y escrito. ¿Cuántos ecos contemporáneos resuenan en esta máxima borgeana? Conjugado en pasado, como lo conjuga Borges a partir de cierto momento, el mundo es un gigantesco espacio de almacenamiento; las cosas que lo poblaron —tigres, laberintos, duelos, calles, libros, siglos, voces— tienen la inanidad, la presencia quieta y la disponibilidad de las existencias de un stock. Ese stock, ese *mundo-stock*, Borges lo llamaba "tradición", y a veces directamente "lenguaje". Era lo que en los años veinte, cuando algo parecido a un futuro alentaba el optimismo vanguardista, Borges había tratado de enriquecer con metáforas, con sorpresas, con cosas inauditas, y lo que a partir de 1930 se convierte en **archivo** puro, una inmensa cantera donde descansan todas las originalidades alguna vez inventadas. Borges, clásico precoz, descubre que el mundo en el que le ha tocado escribir es un mundo *pos*. Un museo de la originalidad.

¿Qué hacer, pues, con lo que hay? ¿Cómo

Archivo "No quise repetir lo que Marcel Schwob había hecho en sus *Vidas imaginarias,* inventando biografías de hombres reales, sobre quienes ha quedado registrado poco o nada. En lugar de eso, leí las vidas de personas conocidas y luego debidamente las modifiqué y deformé según mi capricho. Por ejemplo, tras leer *The Gangs of New York,* de Herbert Ashbury, escribí mi versión libre sobre Monk Eastman, el pistolero judío, en flagrante contradicción con la autoridad que elegí. Hice lo mismo para Billy the Kid, para John Murrell (a quien rebauticé Lazarus Morell), para el profeta Velado del Jorasán, para el pretendiente de Tichborne y para algunos otros". (*Autobiografía*).

lograr que otra vez haya una primera vez, que algo parecido a un fulgor original, a una inauguración, pueda repetirse? Borges da una primera respuesta en *Historia universal de la infamia* (1935), cuyos relatos —biografías sucintas de un puñado de *amateurs* del crimen— son "ejercicios de prosa narrativa" de segunda mano, declaradamente. Borges concluye el libro con un índice de "fuentes" —una pequeña biblioteca saqueada— y lo inaugura admitiendo que esas prosas "derivan" de sus "relecturas de Stevenson y de Chesterton y aun de los primeros films de Von Sternberg". Pero las cosas no son tan simples. Aunque mucho del interés de las biografías infames descansa en la libertad que se toma con respecto a sus fuentes ("contradecirlas", jerarquizar personajes que en el original son casi imperceptibles, expandir detalles, invertir roles), la respuesta de Borges no se reduce a una apología de la reescritura. Otro Borges está en marcha, más depurado y *mental*, para quien reescribir ya resulta un alarde arcaizante, demasiado artesanal, completamente antieconómico. La primera pista es Schwob. Mencionándolo en su *Autobiografía*, Borges subsana en parte el "olvido" que excluyó al escritor francés del prólogo original de *Historia universal de la infamia*. Esa leve indignidad importa menos, sin embargo, que lo que Borges *vio* en el libro de Schwob. Vio menos un libro que una idea, menos una prosa literaria que un concepto —el de las "vidas imaginarias"—: un concepto, le dirá a Suzanne Jill Levine, "que era superior al libro mismo". La segunda pista es la famosa nómina de fuentes que usó para escribir el libro, incluida en el volumen como apéndice de sinceridad erudita o pedido de absolución. Sin embargo, la última que menciona, un libro llamado *Die Vernichtung der Rose,* de Alexander Schulz, publicado en Leipzig en 1927, es falsa. El "concepto" del libro empieza a ponerse verdaderamente borgeano. Borges "delinque" (saquea su bibliografía) y confiesa que delinque (exhibe a las víctimas del saqueo), pero su confesión, viciada de fraudulencia, es aún más perjudicial que su crimen. Borges hace pasar el "crimen" a otro nivel: lo hace "saltar" del plano de los relatos propiamente dichos (que se presentan como historias de vida pero en realidad son reescrituras de textos ya escritos) al plano del *marco* que los contiene, que de algún modo los "autentifica", que indica cómo deben ser leídos. A fin de cuentas, Borges no tiene obligación alguna con la verdad cuando cuenta las vicisitudes de Tom Castro, el impostor, y su artífice, el negro Bogle, o cuando describe la determinación con que la viuda Ching aniquila las fuerzas imperiales. Pero la contrae cuando decide incluir, con toda seriedad, un índice de fuentes —"puedo haber mentido", parece decir Borges, "pero todo esto ha salido de algún lado"— y es ahí, en esa zona de verdad desestabilizada, donde el delito es a la vez más abstracto y más perturbador.

Un poco más tarde, todo lo que despuntaba en *Historia universal de la infamia* precipita con una extraordinaria concisión en "El acercamiento a Almotásim". El texto aparece publicado al final de un libro de ensayos, *Historia de la eternidad,* en una sección aparentemente anodina titulada "Dos notas". Todo indica que es un simple comentario bibliográfico, una más de las tantas reseñas que Borges escribía a mediados de la década del treinta. Pero se trata de Borges, y todo indica que estamos equivocados. "El acercamiento" es, en efecto, una nota sobre un libro, un libro que se llama como la nota —*El acercamiento a Almotásim*—, escrito por un tal Mir Bahadur Alí, publicado en Bombay a fines de 1932, que entrelaza los mecanismos del género policial con las aventuras místicas. El crítico (Borges) pormenoriza algunas circunstancias importantes: el éxito cosechado por la primera edición, las sucesivas reimpresiones que lo reflejaron y, por fin, la consagratoria edición inglesa, de 1934, sin ilustraciones pero con prólogo de Dorothy L. Sayers. Luego, con ese extraño talento borgeano para abreviar y detallar *al mismo tiempo*, describe el argumento de la obra, o más bien de sus dos primeros capítulos, y confiesa su incompetencia para hacer lo mismo con los otros diecinueve. Debe abstraer, y desentierra el argumento general que acecha bajo esa superficie de sobresaltos: "la insaciable busca de un alma —el divino Almotásim— a través de los delicados reflejos que ésta ha dejado en otras". La novela termina en el momento exacto en que el héroe *va a conocer* al objeto de su búsqueda. Después de comparar la versión india de 1932 con la inglesa de 1934, después de preferir la primera, más "realista", a las extravagancias teológicas de la segunda, el crítico, para que la obra de Bahadur no se ensimisme demasiado, termina su reseña endilgándole algunos notorios parentescos literarios.

Formalmente, la nota es impecable. Respeta todas las reglas de la "buena" reseña bibliográfica: presentación del libro y del autor, descripción de sus repercusiones, resumen del argumento, comprensión del tema, valoración, afinidades literarias con otras obras. Formalmente, el crimen es perfecto. El libro de Bahadur, por supuesto, sólo existe en la **imaginación** de Borges, lo que no significa exactamente que no exista: significa que existe en la medida en que la reseña de Borges lo *presupone.* "El acercamiento a Almotásim" lleva la literatura parasitaria a su colmo, esto es: a su límite y también a su autoanulación. Borges, como buen parásito, glosa y se alimenta de un libro ajeno, pero ese libro ajeno no es más que una postulación de la glosa; el libro-madre (el libro de Bahadur) es,

Imaginación "Doté a su segunda y apócrifa edición con un editor real, Victor Gollancz, y con un prefacio de una escritora real, Dorothy L. Sayers. Pero autor y libro son enteramente de mi invención. Aporté el argumento y ciertos detalles de algunos capítulos —pidiendo cosas prestadas a Kipling e introduciendo a un místico persa del siglo xii, Farid ud-Din Attar— y luego puntualicé cuidadosamente sus limitaciones. [...] Quienes leyeron 'El acercamiento a Almotásim' creyeron en lo que decía y uno de mis amigos llegó a ordenar la compra de un ejemplar en Londres". El amigo incauto es Bioy Casares, a quien Borges "usará" después, en "Tlön, Uqbar, Orbis Tertius", como usa en su glosa el nombre real de Dorothy Sayers: como cristales de realidad que brillan, indiscutibles, en medio de un contexto de imaginación o de falacias, para volverlo convincente, "real", y al mismo tiempo para volverse ellos mismos, a su vez, inesperadamente sospechosos.

de algún modo, hijo de la glosa que lo comenta. El artista es una mera presunción del crítico, la obra original es originada por la reseña que le hace eco, lo que debería existir antes no es más que un efecto retrospectivo.

Estamos en el corazón del vértigo borgeano. Antes / después, causa / efecto, principal / secundario, original / derivado: todas las categorías en las que descansa el sentido común parecen haber sido enrarecidas por un viento extraño, desconocido, y se han puesto de pronto a delirar, como sucede en los anillos de Moebius y las arquitecturas imposibles de Escher. Pero Borges no se detiene y asesta el golpe de gracia. Siete años después de publicar

"El acercamiento a Almotásim" como nota en un libro de ensayos —es decir: como ensayo—, decide incluirlo en *El jardín de los senderos que se bifurcan*, su primera colección de cuentos. Es decir: lo reedita como relato. No le toca una coma, no cambia palabras, no altera el orden del texto, nada. Pero ¿es el mismo texto? Se trata, una vez más, de todo lo inquietante que acecha en la segunda vez de las cosas. La reedición, en efecto, no parece ser algo particularmente decisivo; en todo caso es un gesto "editorial", es decir exterior a la escritura literaria misma, y por lo tanto un accidente de las circunstancias. Sin embargo, aunque preserve la letra del texto, la intervención borgeana lo *afecta* irremediablemente, lo que prueba que un gesto a primera vista tan inocuo como reeditar un texto propio involucra, en Borges, una serie de decisiones artísticas tan cruciales como las que probablemente le requirió escribirlo. Borges no opera esta vez sobre el texto, como hará en muchísimas ocasiones a lo largo de su carrera; opera sobre el contexto, es decir: sobre el marco y sobre las condiciones en las que el texto se presenta al lector; en otras palabras, Borges, con un gesto invisible (*no retiniano*, como diría Duchamp), interviene en el conjunto de instrucciones que el contexto proporciona para leer y descifrar un texto en particular. ¿Nota bibliográfica o relato?

Si "El acercamiento a Almotásim" es inclasificable es porque trabaja crítica, insidiosamente sobre la manera en que nos acercamos a la literatura, poniendo radicalmente en duda los criterios que sostienen las clasificaciones del sentido común. ¿Ensayo o ficción? No hay respuesta, dice Borges, o la respuesta es móvil, inquieta, zigzagueante, en la medida en que la identidad de algo escrito no se define por una serie de atributos sino más bien por la **relación de aventura** que mantiene con los contextos en los que le toca aparecer. Así, para Borges, un escritor no es sólo alguien que trabaja con palabras, con frases, con historias, con músicas verbales, sino alguien experto en un arte más frío, más incoloro, más conceptual, del que a menudo no quedan huellas y que, sin embargo, es capaz de extraordinarias revelaciones artísticas: el arte de **manipular contextos**.

Es difícil exagerar la importancia que esa destreza tiene en Borges. Opera en todas partes, todo el tiempo, en todos los niveles, como si fuera a la vez la materia y el principio conceptual de su obra. Es como si escribir fuera eso, nada más y nada menos que eso: cambiar cosas de lu-

Relación de aventura La literatura según Borges tiene la misma lógica de funcionamiento que el idioma de los *yahoos,* la tribu que protagoniza el cuento "El informe de Brodie": "Cada palabra monosílaba corresponde a una idea general, que se define por el contexto o por los visajes. La palabra *nrz,* por ejemplo, sugiere la dispersión o las manchas; puede significar el cielo estrellado, un leopardo, una bandada de aves, la viruela, lo salpicado, el acto de desparramar o la fuga que sigue a la derrota. [...] Pronunciada de otra manera o con otros visajes, cada palabra puede tener un sentido contrario. No nos maravillemos con exceso; en nuestra lengua, el verbo *to cleave* vale por hendir y adherir". Una vez más, Borges incurre en una de sus contravenciones predilectas. Cuando la norma ordenaría definir primero cómo funciona un sistema general para luego identificar sus excepciones, Borges rastrea en la excepción, en la rareza, el *modus operandi* del sistema general. El idioma *yahoo,* exótico y menor, casi más una curiosidad que una lengua, es el modelo del lenguaje.

Manipular contextos El escritor es un ingeniero de contextos. Habría que revisar una vez más, ahora a la luz de esta idea, el retrato que pinta a Borges como un escritor "encerrado" en el lenguaje, en los libros, en la literatura. La obsesión constante por el contexto —tal vez la obsesión más borgeana de Borges— explica, por ejemplo, el volumen de energía y la prodigiosa escrupulosidad que Borges invierte, a lo largo de medio siglo,

gar, cortar y pegar, extrapolar y hacer injertos, descolocar y reponer, expatriar y arraigar, separar e insertar. Definir un personaje o urdir una trama —por mencionar sólo dos obligaciones rudimentarias de cualquier escritor— es, antes que otra cosa, una cuestión de producción de contexto, del mismo modo que el efecto de verosimilitud general que debe destilar una ficción. ¿Contra qué fondo recortar la silueta de un personaje? ¿En qué época, en qué ambiente situar una historia? En los comentarios introductorios que agregó a *The Aleph and Other Stories*, una edición norteamericana de sus ficciones, lo

en las sucesivas reediciones de sus obras. Supresiones, correcciones, añadidos, prólogos a los prólogos, notas al pie, posfacios: esa manía de la rectificación con la que Borges altera su propia obra demuestra que para él reeditar no es repetir, o que una repetición no es el retorno de lo mismo sino, precisamente, la posibilidad de aparición de una diferencia. La obsesión llega a cierto colmo en la versión de *Fervor de Buenos Aires* (1923) que aparece en las *Obras completas* (1974) y que incluye un poema de 1966 titulado "Líneas que pude haber escrito y perdido hacia 1922". Borges no se conforma con "limpiar" de poemas indeseables un libro de juventud que ya no lo satisface demasiado. A los 70 años relee su libro de los 25 y le agrega lo que cree que le hace falta: un poema capaz de perturbarlo todo. Un poema escrito a mediados de los años sesenta, al estilo de los que Borges "podría haber escrito y perdido" en los años veinte, incluido en un volumen que lleva la fecha de 1925 y que, a su vez, forma parte de un volumen mayor, las *Obras completas,* cuyo pie de imprenta dice: "Julio de 1974". Pregunta del millón: ¿a qué año pertenece el poema "Líneas que pude haber escrito y perdido hacia 1922"?

primero que Borges detalla son siempre las *decisiones contextuales* que tomó en cada uno de los relatos. (La preocupación no es azarosa: los prólogos son los contextos puntuales que Borges produce para controlar, en la medida de lo posible, la entrada de sus ficciones en el contexto literario norteamericano). El *setting* es, siempre, la clave del relato. En "El Aleph", el truco está, según Borges, en haber alojado esa esfera maravillosa en "el decorado más insignificante que haya podido imaginar: un pequeño sótano en una casa anónima de un barrio pobre de **Buenos Aires**"; de "Los dos reyes y sus dos laberintos" rescata su "decorado oriental", "su deliberado propósito de ser una página *extraída* de las *1001 noches*"; de "La muerte y la brújula", el hecho de haber "emplazado la historia en algún decorado cosmopolita, ajeno a cualquier geografía específica", de modo de "eludir cualquier sospecha de realismo", y "las formas de espacio y de tiempo que aparecen a lo largo del relato"; a propósito de "El hombre en el umbral", Borges insiste en el decorado hindú, que le sirvió para "volver menos obvia la excepcionalidad" de la historia; de "La intrusa", por fin, apunta que "situó la historia en un pueblo casi anónimo del sur de Buenos Aires, más de setenta años atrás, de modo que nadie pudiera discutir los detalles".

Buenos Aires "Una vez, en Madrid, un periodista me preguntó si en Buenos Aires había un Aleph. Casi cedo a la tentación y le digo que sí, pero un amigo intervino y señaló que si un objeto semejante existiera sería no sólo la cosa más célebre del mundo sino que revolucionaría toda nuestra concepción del tiempo, la astronomía, las matemáticas y el espacio. 'Ah', dijo el periodista, 'entonces usted inventó todo el asunto. Yo pensé que era verdad porque usted había puesto el nombre de la calle'".

El contexto no es sólo "lo que rodea"; el contexto es activo y crea. De "El acercamiento a Almotásim" a "Tlön, Uqbar, Orbis Tertius", pasando por "Examen de la obra de Herbert Quain", las "ficciones sobre ficciones" —esa marca registrada de la literatura borgeana— no son sino el género específico en el que se narran las aventuras del extraño poder contextual. Mientras el mundo de Tlön permanece, digamos, "en su lugar", exhibiendo desde esa otra dimensión sus leyes y sus costumbres bizarras, hay muchos motivos para el asombro pero ninguno para la alarma. Pero basta que una pequeña brújula de metal, grabada con las letras ilegibles del alfabeto de Tlön, cruce y cambie de mundo y aterrice suavemente en el baúl que la princesa de Faucigny Lucinge está abriendo en su departamento de la calle Laprida, basta esa "primera intrusión del mundo fantástico en el mundo real" para que todo trastabille. Ya no hay mundos paralelos. Nuestro mundo, ahora, es el contexto en el que esos objetos imposibles —la brújula, el pesadísimo cono de metal que enloquece al gaucho en una pulpería uruguaya, los cuarenta tomos de la Primera Enciclopedia de Tlön— empiezan a vivir y a moverse. Herbert Quain, novelista policial y autor de una comedia freudiana de éxito, podría ser sólo otro escritor inventado y glosado por Borges, un freak inocuo, neutralizado por sus propios caprichos literarios. Pero sobre el final del relato, como si nos mirara por encima del hombro, Borges deja caer una revelación tan fantástica como la que cierra "Tlön": de uno de los ocho relatos del último libro de Quain, *Statements*, Borges cometió "la ingenuidad" de extraer "Las ruinas circulares", "una de las narraciones del libro *El jardín de senderos que se bifurcan*". El comentario de Borges hace existir a Quain y a la obra de Quain, de la que uno de los relatos de Borges ha sido excavado. ¿Cuál de las dos obras —la de Quain, la de Borges— es el contexto de cuál?

La gran apoteosis del *arte contextual* borgeano es sin duda "Pierre **Menard**, autor del Quijote", el segundo relato de *El jardín de senderos que se bifurcan*. Borges vuelve a fabricar un escritor menor, esta vez francés, reverenciado apenas por baronesas decadentes, y divide su obra en dos categorías: la obra visible, que se deshilacha en prólogos, traducciones y otros hobbies parasitarios, y la invisible. La que le interesa a Borges, por supuesto, es la invisible (que en el fondo es un tributo irónico a la insignificancia de la visible). Esa obra, escribe Borges, "tal vez la más significativa de nuestro tiempo, consta de los capítulos noveno y trigésimo octavo de la primera parte del *Don Quijote* y de un fragmento del capítulo veintidós". Como en una espiral veloz y algo lunática, todas las

Menard Se ha dicho que "Pierre Menard..." es la respuesta sutil, elegante, algo diferida en el tiempo, de Borges a Ramón Doll, que cinco años antes lo había acusado de "dar por inédito a *Don Quijote de la Mancha*". Si lo fue, se trata sin duda de una réplica feroz, formidable, aniquiladora, que prueba hasta qué punto para el sistema Borges eran más redituables los ataques que los elogios y a qué altísima categoría supo elevar Borges su condición de "escritor parasitario". Por lo demás, Borges siempre consideró el "Pierre Menard" como una especie de bisagra, un punto de inflexión extraordinariamente productivo para su obra. El contexto personal en el que lo concibe parece avalar esa opinión. En la Nochebuena de 1938 Borges sufre el accidente que describe en "El Sur" y, postrado en una cama de hospital, después de pasar un mes en un infierno de fiebre, teme haber perdido sus capacidades literarias. La madre, contra sus protestas, le lee algunas páginas de *Fuera del planeta del silencio,* una novela de C. S. Lewis. Borges se pone a llorar y dice: "Lloro porque comprendo". Pero hay un miedo que todavía persiste: "Me pregunté si alguna vez podría volver a escribir. Previamente había escrito algunos poemas y docenas de reseñas breves. Pensé que si ahora intentaba escribir una y fracasaba, entonces significaría que estaba terminado intelectualmente, pero si intentaba algo que no hubiera hecho nunca anteriormente y fracasaba, no sería tan doloroso y hasta podría

estrategias y trucos que Ramón Doll *denunciaba* en Borges confluyen ahora en Pierre Menard, en su obra maestra infatigable, en la sofisticada argumentación que proporciona para justificarla. Dice Menard: "Componer el Quijote a principios del siglo diecisiete era una empresa razonable, necesaria, acaso fatal; a principios del veinte, es casi imposible. No en vano han transcurrido trescientos años, cargados de complejísimos hechos. Entre ellos, para mencionar uno solo: el mismo Quijote". Repetir el texto del *Quijote* es someterlo al golpe brutal de una diferencia que es, a la vez, inasible y radical: la diferencia de los contextos. "El texto de Cervantes y el de Menard son verbalmente idénticos, pero el segundo es casi infinitamente más rico", dice Borges. Todas las plusvalías que enriquecen al *Quijote* de Menard tienen un solo origen: el trabajo del contexto, el modo múltiple, fatal, exhaustivo, en que un particular bloque de espacio-tiempo (1934) se apodera de un texto de tres siglos atrás y, sin cambiarle un solo signo, desfigurándolo por completo, lo preña de sentidos y usos inesperados, lo obliga a citar a William James, lo vuelve contemporáneo de Bertrand Russell, lo rinde a la influencia de Nietzsche.

No es casual que el *Quijote*, la gran obra de Pierre Menard, se haya perdido. El autor, dice Borges, "multiplicó los borradores; corrigió tenazmente y desgarró miles de páginas manuscritas. No permitió que fueran examinadas por nadie y cuidó que no le sobrevivieran". Que la obra se perdiera por decisión del propio Menard prueba que la pérdida —la destrucción— ya formaba

prepararme para la revelación final. Decidí que intentaría escribir un cuento. El resultado fue 'Pierre Menard, autor del Quijote'".

parte, ya estaba inscripta en el programa mismo de la obra. El *Quijote* de Menard no podía sobrevivir porque no era una "obra" sino algo más instantáneo, más poderoso, más inmortal: una *idea* de obra, un "concepto" límpido, desnudo, a la vez gratuito y completamente eficaz, como el concepto de las *Vidas imaginarias* de Marcel Schwob, que Borges admiraba al punto de considerarlo "superior a la obra". La obra de Menard es "un dislate", dice Borges, y es difícil contradecirlo. Pero ¿no hay algo de Borges en Menard, en su manía "de caminar por los arrabales de Nîmes", en su "letra de insecto"? Y además, ¿hay acaso algún artista más digno de llamarse *borgeano*? Sobre el final, después de haber fundamentado largamente el dislate, el narrador del relato admite la única, la verdadera (aunque tal vez involuntaria) contribución de Pierre Menard a la cultura: haber enriquecido "mediante una técnica nueva el arte detenido y rudimentario de la lectura: la técnica del anacronismo deliberado y de las atribuciones erróneas". Es decir: haberle suministrado a Borges las armas que lo harían célebre.

Ocho

Cartón pintado y metafísica

En 1927, Borges usa un modesto artículo de diario —"La simulación de la imagen"— para discutir un enigma muy persistente: la elusiva, sinuosa relación que existe entre una imagen (una metáfora, una figura literaria, un malabarismo poético) y el que la recibe: su oyente, su lector, su destinatario. En otras palabras: qué y cómo diablos hacemos para descifrar e imaginar a partir de ese trozo de lenguaje que alguien nos envía. Como de costumbre, Borges ilustra sus argumentos con ejemplos microscópicos: la diferencia de efecto, por ejemplo, entre *riquísimos techos* y *ricos techos*. El razonamiento patina rápidamente hacia la comicidad, hacia un humor francamente macedoniano. "La voz *riquísimos* no es de fácil operación", pormenoriza Borges: "oímos decir *rico* primero, lo imaginamos, y ya la desinencia nos quiere reclamar una refacción o corrección o decantación del concepto, sin otra ayuda que la de su mismo insípido ruido, tan impersonal que también para decir *pobrísimo* lo conchaban". Lo que importa, de todos modos, es la posición que Borges —escritor de vanguardia, todavía— adopta para discutir algo tan crucial como un efecto de sentido. Cuando todo lo autorizaría a la indiferencia o al desdén, Borges *se pone en el lugar del otro* y busca en su oído, el oído del otro, las leyes secretas de lo que él, Borges, habrá de escribir. La pregunta borgeana no es ¿qué decir? ni ¿cómo escribir?, sino: *¿cómo se oye?* Las palabras no *tienen* sentido; a lo sumo lo adquieren, pero sólo en la medida en que entran en algún tipo de relación, en que forman parte de alguna clase de contrato con esa otra instancia que es un oído. Todo escritor siempre es un "**contratante verbal**" (la expresión, aunque resistida, es del propio Borges), y toda poética es siempre una poética de la *resonancia*.

Esa forma contractualista de concebir el sentido es apenas otro avatar de la obsesión borgeana por el contexto, pero alcanza para desmentir una de sus reputaciones más afianzadas: la del escritor recluido en su torre de marfil. Hay pocos escritores tan atentos, tan analíticos, tan interesados por las órbitas complejas y múltiples en las que la literatura flota cada vez que se da a leer.

Contratante verbal   El colmo de este contractualismo verbal son los libros de entrevistas con Borges. Hay muchos, y en cada uno Borges parece interpretar a un personaje distinto. No son sus dichos los que cambian, sino más bien la disposición que los envuelve, el humor, la actitud con la que Borges decide lanzarlos a un ruedo que está fuertemente determinado por la presencia del entrevistador. De ahí el carácter farsesco, como de comediante compulsivo, que tiene Borges como entrevistado. La obsecuencia de Jean de Milleret le inspira las formas más pérfidas de la falsa modestia; se pone parco y desconfiado ante Georges Charbonnier, que —como buen francés— desprecia las preguntas y lo abruma con argumentaciones que duran párrafos; es ligeramente académico con Richard Burgin, y un poco didáctico, casi paternalista, con María Esther Vázquez; con Antonio Carrizo es campechano, anecdótico, personal, y si cada tanto, como un lujo al paso, deja caer alguna frase en alemán, es menos por fidelidad a sí mismo que para complacer la idea de la cultura que se hace *La vida y el canto*, el programa de radio más popular del país.

Este artista de la repercusión (categoría que también relativiza, iluminándola, la famosa "modestia desinteresada" de Borges) no cree por ejemplo que las metáforas, por bellas que sean, encierren en sí mismas algún valor. En "La fruición literaria", otro artículo de diario de 1927, Borges pone una metáfora cualquiera —*el incendio, con feroces mandíbulas, devora el campo*— frente al tribunal para resolver "si es condenable o es lícita". No termina absolviéndola sino declarándola *inimputable*. En el trance de evaluar la figura, Borges dice que hará "como el lector, que sin duda ha suspendido su juicio, hasta cerciorarse bien cúya era la frase". Antes de juzgar, pues, el lector se pregunta *de quién* es la metáfora. Porque el lector (llamemos así, sólo por comodidad, ese estratégico lugar borgeano que incluye figuras tan diversas como el otro, el interlocutor, el confidente, el destinatario del relato, el heredero, el "doble", etc.) es el gran **agente contextual** de Borges en la medida en que "abre" el sentido a *todas* las fuerzas que lo producen, lo afectan, lo determinan. Leer es siempre restituir o inventar contextos: "Esta locución, ¿es condenable o es lícita? Yo afirmo que eso depende solamente de quien la forjó, y no es paradoja. Supongamos que en un café de la calle Corrientes o de la

Agente contextual En "La fruición literaria", Borges anticipa más de diez años uno de los hallazgos de *Pierre Menard, autor del Quijote*: la idea de que el tiempo lee y escribe y abole cualquier repetición. "El tiempo, tan preciado de socavador, tan famoso por sus demoliciones y sus ruinas de Itálica, también construye. Al erguido verso de Cervantes ¡*Vive Dios, que me espanta esta grandeza!* lo vemos refaccionado y hasta notablemente ensanchado por él. Cuando el inventor y detallador de *Don Quijote* lo redactó, *vive Dios* era interjección tan barata como *caramba*, y *espantar* valía por *asombrar*. Sospecho que los contemporáneos suyos lo sentirían así: ¡*Vieran lo que me asombra este aparato!* o cosa vecina. Nosotros lo vemos firme y garifo. El tiempo —amigo de Cervantes— ha sabido corregirle las pruebas".

Avenida, un literato me la propone como suya. Yo pensaré: Ahora es vulgarísima tarea la de hacer metáforas; sustituir *tragar* por *quemar* no es un canje muy provechoso; lo de las mandíbulas tal vez asombre a alguien, pero es una debilidad del poeta, un dejarse llevar por la locución *fuego devorador*, un automatismo [...] Supongamos ahora que me la presentan como originaria de un poeta chino o siamés. Yo pensaré: Todo se les vuelve dragón a los chinos y me representaré un incendio claro como una fiesta y serpeando, y me gustará. [...] Supongamos que me revelan que el padre de esa figuración es Esquilo y que estuvo en lengua de Prometeo y que el arrestado titán, amarrado a un precipicio de rocas [...], se la dijo al Océano...".

La imagen de Borges vacila. Para ser alguien que pretende reemplazar el mundo por la literatura, ¿no piensa demasiado en el modo en que el mundo le da sentido a la literatura? ¿Qué clase de fortaleza privada y solipsista puede ser escribir, si todo lo que se escribe ya ha sido oído, descifrado, modelado y sancionado primero por el oído de otro? ¿Cómo defender la idea de una literatura autónoma, autárquica, autosuficiente, cuando todo libro implica siempre un llamado a la alteridad: a ser otro, a ser usado de otra manera, a servir para otra cosa? A lo largo de su vida, Borges multiplica sus intervenciones contextuales. Su intensa práctica de **prologuista**, por ejemplo, no tiene otro fin que el de *controlar* al máximo esa franja

Prologuista De controlar el contexto a hacerlo delirar hay apenas un paso, y es raro que Borges se prive de darlo. A su manera, que es inconfundiblemente macedoniana, el título del volumen que recopila muchos de sus prólogos ya lo deja entrever: *Prólogos con un prólogo de prólogos* (1975). Borges usa esa colección de antesalas para distinguir el verdadero prólogo, que

de azar que se abre entre un libro y su lectura, entre un sentido y sus destinos posibles, y que es precisamente uno de los campos de batalla donde se deciden la identidad y el valor de las literaturas. Es el mismo objetivo, entre pedagógico y militante, que anima también su prodigiosa fertilidad como antólogo, como editor, como director de **colecciones** literarias. Agreguemos los largos años que dedicó a la enseñanza (los seminarios en el Colegio Libre de Estudios Superiores, la cátedra de Literatura Inglesa en la Facultad de Filosofía y Letras de la Universidad de Buenos Aires) y Borges se nos aparecerá, no como el eremita autista con el que a menudo se lo confunde, sino como un activista ubicuo, incansable, una suerte de encarnación sarmientina tardía que

es "una especie lateral de la crítica", de sus múltiples y patéticas parodias, que se desvanecen en "oratorias de sobremesa", en "panegíricos fúnebres", en "hipérboles". Pero lo que el libro pone en escena, en realidad, es que el contexto es por definición insaturable —imposible pronunciar una verdad última sobre un libro—, y que el prólogo, como instancia contextual, siempre está condenado a la inestabilidad, a la disidencia, a la incertidumbre. Así, a los prólogos originales, Borges se ve obligado a agregar posdatas para restaurar olvidos, para introducir algún matiz, a veces, incluso, para que la evidencia del presente corrija las inadvertencias del pasado. Una posdata de 1974 relee las lecturas que Borges hizo del *Martín Fierro* y de la poesía gauchesca en 1962 y 1968. Sólo que Borges, ahora, lee su antigua admiración por esa tradición argentina a través del pavor que le inspira la "barbarie" de una nueva experiencia peronista: "El *Martín Fierro* es un libro muy bien escrito y muy mal leído", dice. "Hernández lo escribió para mostrar que el Ministerio de la Guerra —uso la nomenclatura de la época— hacía del gaucho un desertor y un traidor; Lugones exaltó ese desventurado a paladín y lo propuso como arquetipo. Ahora padecemos las consecuencias".

Colecciones Solo o con colaboradores (Bioy Casares, Silvina Ocampo, María Esther Vázquez, Silvina Bullrich Palenque, Margarita Guerrero, etc.), Borges compiló a lo largo de su vida una treintena de antologías literarias. Se ocupaba de seleccionar y prologar los textos y a veces, también, de tra-

se afana por ocupar *todas* las regiones donde el sentido de la literatura se forma, cristaliza, se propaga o se dispara en una dirección nueva. ¿Todas? No, no todas. Falta una región clave: la región de los *medios*.

Recién ahora, tarde pero seguro, empieza a reconocerse que gran parte de la obra de Borges fue originalmente escrita y publicada en medios gráficos (diarios, suplementos culturales, revistas de interés general, publicaciones literarias), en un contexto de fugacidad, de normas y convenciones socioculturales que tenían muy poco que ver con ese limbo idílico llamado "libro". El Borges escritor, el Borges culto y, según la palabra que flameaba en los años setenta, "elitista", incluso el Borges "universalista", cuyas ficciones sofisticadamente especulativas die-

ducirlos. Muchas giraban alrededor de un tema común o de un autor ("los sueños", "el compadrito", "el cielo y el infierno", "los seres imaginarios", "la poesía gauchesca, Macedonio Fernández, Carriego, Quevedo, Kafka, etc.), pero las más memorables —las más productivas para la literatura argentina— fueron las que dedicó a dos géneros fundamentales: la literatura fantástica (*Antología de la literatura fantástica*, de 1940, y *Cuentos breves y extraordinarios*, de 1955) y la literatura policial (*Los mejores cuentos policiales*, de 1943). Borges, que ya muy temprano había incorporado el método antológico a su propia ficción (*Historia universal de la infamia* termina con una selección de textos ajenos llamada "Etcétera", que Borges, que amaba regalar lo que no le pertenecía, dedica a su amigo y traductor Néstor Ibarra), redescubre la compilación y la transforma en una forma artística y didáctica a la vez. Arte de la elección y del montaje, recopilar, para Borges, no es sólo reunir lo que estaba disperso: es intervenir en el reparto de olvidos y de monumentos que es una tradición, es oponerse o desviarlo, es conceptualizar sistemas de parentesco y familias literarias, es hacer aparecer diferencias internas en lo que a simple vista parecía uniforme, es promover algunas familias en detrimento de otras, es contextualizar libros huérfanos, cambiar libros de contexto para insertarlos en un linaje nuevo... Como las colecciones literarias (Borges dirigió tres: el "Séptimo Círculo" —que impuso y prácticamente reguló, hasta fines de los años sesenta, el consumo de literatura policial en la Argentina—,

ron la vuelta al mundo con asombrosa fluidez, como si bajaran directamente del cielo de la inteligencia, fue básicamente alguien que se pasó una respetable cantidad de años escribiendo en redacciones tumultuosas, con plazos perentorios, contra reloj y a veces contra sus jefes, por dinero, y alguien cuyos textos, a menudo tachados de herméticos, compartían la misma página de revista con un aviso de corpiños, otro de pasta dental y con algún artículo particularmente útil para las **amas de casa**.

En vida de su autor, la llamada "obra borgeana" supo ser un corpus prestigioso pero (o porque) escrupulosamente acotado, compuesto esencialmente por la poesía, los grandes libros de ficciones (*Ficciones, El Aleph, El hacedor, El informe de Brodie*) y los volúmenes de ensayos (*Discusión, Otras inquisiciones*). Pero como en el caso de Pierre Menard, el trabajo literario de Borges también tenía dos caras, una visible, la otra invisible, y la segunda era casi más vasta que la primera. Pasó mucho tiempo —demasiado, en realidad— antes de que la notable extravagancia de libros como los que Borges escribió con Bioy Casares (los *Seis problemas para don Isidro Parodi, Un modelo para la muerte, Dos fantasías memorables*) lograra ser aceptada como parte (aunque

la "Biblioteca de Babel", la "Biblioteca personal"), una antología es una formidable máquina de lectura: lee, deslee, relee, hace leer.

Amas de casa Tal vez haya alguna relación entre la frivolidad del contexto periodístico y los raptos de perspicacia fallida que cada tanto asaltan a Borges. El 27 de noviembre de 1936, en las páginas de *El Hogar*, Borges escribe unas líneas que suenan ahora como una ironía póstuma: "Yo no sé, por ejemplo, si dentro de cien años la República Argentina habrá producido un autor de importancia mundial, pero sé que antes de cien años un autor argentino habrá obtenido el Premio Nobel, por mera rotación de todos los países del Atlas".

menor, caprichosa, un poco incivilizada) de la familia borgeana canónica. Y mucho más, sin duda, antes de que empezara a salir a la luz esa amplia producción borgeana que dormitaba, dispersa y polvorienta, en los archivos de la prensa argentina. Probablemente algo de esa tardanza haya sido "inevitable": es casi una ley que la revelación gradual de una obra siga un camino que va del "centro" a las "periferias". Pero una de las lecciones de Borges, quizás una de las más vigentes, es que no hay nada menos "natural", menos "inocente", que el trazado de esa clase de caminos, y nada más discutible, sobre todo cuando es implícito, que el criterio con el que se distribuyen y discriminan las zonas de una obra literaria en "centrales" y en "periféricas".

Con el paulatino blanqueo de las escrituras "laterales" de Borges (primero los *Prólogos*, luego los *Textos cautivos*, más recientemente las intervenciones en *Sur* que aún permanecían inéditas en libro; la desorientada edición de las contribuciones borgeanas a la *Revista Multicolor de los Sábados*; los *Textos recobrados*, que reúnen materiales publicados en diarios y revistas entre 1919 y 1929), hay dos cosas que se ponen en evidencia. La primera: el importante grado de compromiso que la práctica literaria de Borges tenía con el mundo periodístico, al que aportó una masa densísima de relatos, ensayos, biografías y semblanzas literarias, reseñas bibliográficas, presentaciones, traducciones, y también un trabajo de *edición* (mucho menos visible pero —por eso— igualmente borgeano y decisivo) cuyos rastros esperan todavía ser **descubiertos**. La

Descubiertos La trayectoria de Borges en los medios gráficos atraviesa un amplio espectro de publicaciones. En el principio (fines de la década de 1910) fueron las revistas del ultraísmo español, *Grecia, Cosmópolis, Ultra,* donde Borges publica poesía,

segunda es la mutación, el singular grado de enrarecimiento y de revitalización que sufre la obra "oficial" de Borges, nacida, al parecer, en el laboratorio pulcro e inaccesible de la "alta literatura", cuando se la articula con esa franja de producción menor, "impura", sobresaltada por las circunstancias, que parece acompañarla como su reverso sombrío.

Sería cómodo leer, en el despliegue simultáneo de estos dos frentes borgeanos, la traducción de alguna forma de ambivalencia, como si Borges fuera una especie de Dr. Jekyll y de Edward Hyde que, amparados por una ficción de identidad, se repartieran con ecuanimidad las jurisdicciones, los temas, los estilos de dos maneras de hacer literatura: una culta, hermética, "intelectual", dirigida a

traducciones y un par de selecciones de literatura expresionista. A lo largo de los años veinte alterna sus intervenciones en los principales órganos de la vanguardia porteña (*Prisma, Proa* y *Martín Fierro*) con contribuciones para revistas menos facciosas (*Síntesis, La Vida Literaria*) y, sobre todo, con la publicación de ensayos en medios de circulación más amplia como la revista *Nosotros* o el diario *La Prensa.* (Varios de los textos de *Discusión,* no precisamente los más transparentes, nacieron en las páginas de ese periódico). En 1931 Victoria Ocampo funda *Sur,* la revista literaria en la que Borges publicará su obra más reconocida (los ensayos de *Historia de la eternidad* y de *Otras inquisiciones,* los relatos de *Ficciones, El Aleph y El hacedor*). Pero los años treinta son los años en que Borges consolida su doble vida flagrante. Mientras integra (aunque haciendo equilibrio en un borde extraño, siempre irónico y distante) el homogéneo círculo familiar de *Sur,* Borges comparte con Ulyses Petit de Murat la dirección del suplemento de los sábados de *Crítica,* el diario más popular de la Argentina, y a partir de 1936 colabora regularmente con un semanario femenino, *El Hogar,* donde dirige además una sección quincenal informativo-didáctica llamada "Guía de lecturas: libros y autores extranjeros", dedicada a difundir obras recientes de las literaturas francesa, inglesa y alemana. *Crítica* y *El Hogar* son dos lugares tan decisivos para Borges como *Sur:* en el diario de Botana publica, por ejemplo, las biografías de *Historia universal de la infamia,* "el verdadero comienzo de mi carrera de escritor", y "Hombre de la

un cenáculo de amigos e iniciados; la otra popular, accesible, ligera, atenta a las apetencias de un público masivo y anónimo. esquina rosada", el texto que Borges considera su primer "cuento verdadero". De *El Hogar* vienen las notables miniaturas que después formarían el volumen titulado *Textos cautivos*.

Pero sería interesante, además de cómodo, si esa lectura aceptara tener en cuenta, antes que nada, todo lo que había de Jekyll en Hyde y viceversa.

"Nunca pensé en publicar libros", confiesa Borges en su *Autobiografía*, recordando el origen periodístico de las biografías que integrarían la *Historia universal de la infamia.* "Los artículos iban destinados al consumo popular a través de las páginas de *Crítica* y resultaban marcadamente pintorescos. Supongo ahora que el valor secreto de aquellos bosquejos —además del placer sutil que me producía el escribirlos— residía en el hecho de constituir ejercicios narrativos. Puesto que el argumento general y las circunstancias me eran dados, sólo tenía que bordar juegos de variaciones vivas". La confesión es reveladora. Escribir para *Crítica*, por lo pronto, es una operación más compleja de lo que parece, y Borges —al menos retrospectivamente— demuestra tener una fuerte conciencia de esa complejidad. Borges escribe prosas y, arrastrado por una oscilación, no sabe bien cómo denominarlas. "Artículos", dice primero, haciéndose eco de la nomenclatura periodística; y después dice "bosquejos", como si ahora contemplara los "artículos" desde la perspectiva de una evolución específicamente literaria: bosquejos, ejercicios narrativos, relatos... Lo que importa aquí es la función que *Crítica* cumple en el trabajo de Borges: el diario es literalmente un *oscilador*, un espacio que transforma la escritura en una práctica divergente, equívoca, que nunca juega a una sola punta. Escribir es una operación *estrábica*. "Destinada al consumo popular", "a todos los hogares argentinos", su valor es el pintoresquismo; llamada a ser literatura, su valor consiste en poner en marcha un dispositivo de narración singular, fundado en la tergiversación y el fraude. Son como dos **frecuencias** distintas (dos horizontes culturales), y Borges escribe en las dos *al mismo tiempo*, como si lo que le interesara fuera precisamente la experiencia de la duplicidad, los extraños efectos de estereofonía que la escritura se ponía a producir cuando entraba en un contexto periodístico. "Valor secreto", "placer sutil": esas expresiones, ¿no suenan acaso como los susurros triunfales del contrabandista, ese experto en dobles frecuencias, dobles fondos y dobles sentidos?

En realidad, la idea de ocupar al mismo tiempo dos frecuencias dispares podría ser casi el principio axiomático de la literatura de Borges. Decir A y B a la vez, contar una historia X mientras se cuenta una historia Y, escribir un relato y un ensayo simultáneamente: la obra borgeana se especializa en esa clase de **dobleces**. Y lo que el contexto periodístico pone en evidencia, exaspera,

Frecuencias Publicada en la *Revista Multicolor de los Sábados,* como se llamaba el suplemento de *Crítica,* la historia de Monk Eastman o de Bill Harrigan tenía asegurado un público de 370.000 lectores. Las mismas historias, recopiladas junto con las otras cinco por la editorial Tor, que publicó la primera edición de *Historia universal de la infamia,* apenas importunaron a 37 lectores.

Dobleces En una larga entrevista de 1966, Georges Charbonnier, sobre el final, parece descubrir la manía borgeana de la duplicidad. "Le planteé preguntas muy vecinas sobre sus cuentos. Su respuesta casi siempre incluía estas palabras: 'hay dos ideas'".

incluso dramatiza, es un tipo de doblez particular, una clase especial de oscilación: el modo en que las frecuencias de la cultura alta y la cultura popular entran en una relación de interferencia recíproca. Ése es el gran punto que está en juego, por ejemplo, en un ensayo como "El truco", de 1928. En un extremo de la argumentación borgeana está el truco, quintaesencia del juego popular, con sus reglas, sus dichos y su magia; en el otro extremo está el tiempo, la repetición, la eternidad, lugares comunes del pensamiento filosófico. El ensayo (su propósito y su método) consiste en contar cómo ambos extremos se unen, cómo, en rigor, han estado unidos desde un principio, y cómo ambos mantienen una relación de representación recíproca: el truco cuenta la metafísica, la metafísica cuenta el truco. "Así", termina Borges, "desde los laberintos de cartón pintado del truco, nos hemos acercado a la metafísica: única justificación y finalidad de todos los temas". El hecho se repite. En "Cuando la ficción vive en la ficción", un artículo de *El Hogar* de 1939, Borges, que no piensa renunciar a sus intereses por un aviso de corpiños, despliega para "consumo popular" el problema, a la vez artístico y filosófico, de la "puesta en abismo". "Debo mi primera noción del infinito", dice, "a una gran lata de bizcochos que dio misterio y vértigo a mi

"¡Ah!", contesta Borges. "¿Es que usted tenía la impresión de que quizá no hay ninguna?". "¡No! Pero estas dos ideas se sitúan siempre en planos extremadamente disímiles". "Del todo distintos", confirma Borges, que finge acompañar a Charbonnier en su descubrimiento. "Por un lado, hay el plano intelectual, el plano matemático, por decirlo así. El otro plano es el poético. La idea de restituir de una u otra manera experiencias o estados de ánimo. Sus preguntas me han revelado que esos dos planos, esas dos caras, deben estar presentes siempre —juntas— en un libro".

niñez. En el costado de ese objeto anormal había una escena japonesa; no recuerdo los niños o guerreros que la formaban, pero sí que en un ángulo de esa imagen la misma lata de bizcochos reaparecía con la misma figura y en ella la misma figura, y así (a lo menos, en potencia) infinitamente... Catorce o quince años después, hacia 1921, descubrí en una de las obras de Russell una invención análoga de Josiah Royce". Escribir un ensayo (escribir a secas, más bien) es contar cómo se pasa de una lata de bizcochos a un libro de Bertrand Russell, y sobre todo cómo la lata de bizcochos y el libro de Russell dicen, cada uno a su manera, con su propio idioma, lo mismo.

Borges discute en las páginas de los diarios las *mismas* cuestiones que lo desvelan cuando escribe para *Sur* o que fulguran, envueltas en una nube de erudición, desde sus libros: la paradoja del mentiroso, el teorema de Gödel, la cuarta dimensión, la eternidad, el infinito, el doble, la metáfora, las aporías de la filosofía griega, el nominalismo... Cita los mismos libros, exalta los mismos escritores, traduce las mismas literaturas. No es condescendiendo como responde a las coacciones del contexto periodístico. Cuando presenta a James Joyce en *El Hogar*, cuando desmenuza a Demócrito de Abdera en la *Revista Multicolor de los Sábados*, Borges, lejos de alivianarse o de negociar, es más borgeano que nunca: escribe su propia *Enciclopaedia Britannica*, imagina una realidad más compleja que la que declara al lector y refiere sus derivaciones y efectos, reescribe y adultera, reduce la vida entera de un escritor o un pensador a dos o tres escenas, transcribe y traduce. Pero sobre todo opera en una franja familiar, muy personal, que quizá merezca más que ninguna el nombre de *terra borgeana:* el espacio que hay entre dos registros, dos percepciones, dos formas de razonamiento, dos lenguajes.

Tal vez eso explique algunas persistentes predilecciones borgeanas. La paradoja de **Aquiles y la tortuga**, por ejemplo. Lo que fascina a Borges no es sólo el vértigo introducido por la idea de un espacio y un tiempo infinitamente divisibles; es, principalmente, la capacidad extraordinaria que esa idea (abstracta, difícil, especulativa) tiene de *encarnarse* en ficciones que son de otro orden (figurativas, narrativas, lógicas, etc.), y que sin embargo están llamadas a ilustrarla, traducirla, explicarla. La paradoja de Aquiles y la tortuga es el ejemplo perfecto de la

Aquiles y la tortuga   En el origen de la doble frecuencia está, una vez más, esa escena pedagógica, eterna, en la que Borges siempre está aprendiendo algo de su padre. "Debía ser un niño muy pequeño. Porque recuerdo que [mi padre] me dijo: 'Vamos a ver; aquí hay algo que puede que te guste' y entonces, él era muy aficionado al ajedrez, era un jugador de ajedrez muy bueno, entonces me puso ante el tablero y me explicó las paradojas de Zenón, Aquiles y la tortuga, ya sabe, las flechas, el hecho de que el movimiento era imposible porque siempre había un punto intermedio y esas cosas. Y recuerdo que me habló de todo ello y yo estaba muy interesado. Y me lo explicó con la ayuda de un tablero de ajedrez". Cambiando el ajedrez por un puñado de monedas, el padre hará exactamente lo mismo para ilustrar la teoría de la imposibilidad de los recuerdos verdaderos. "Colocó una moneda encima de otra y dijo: 'Verás, esta primera moneda, la de abajo, sería la primera imagen, por ejemplo, de la casa de mi niñez. Esta segunda sería el recuerdo de aquella casa cuando llegué a Buenos Aires. La tercera, otro recuerdo, y así una y otra vez. Y como en cada recuerdo hay una ligera diferencia, supongo que mis recuerdos de hoy no se asemejan mucho a los primeros recuerdos que tenía', y añadió: 'Intento no pensar en cosas pasadas, porque si lo hago, lo estaré haciendo sobre recuerdos, no sobre las primeras imágenes'".

doble frecuencia borgeana: el griego más rápido de Grecia y el animal más lento del mundo encarnan la idea de la infinita divisibilidad del espacio, pero al encarnarla enseguida la enrarecen, la inquietan, la empujan a un borde de estupor o de imbecilidad: ¿cómo es posible, en efecto, que Aquiles *nunca* alcance a la tortuga? En esa carrera improbable, una extraña pareja de héroes figura, representa, *actúa* cierta idea del espacio para volverla visible, pero la figuración no es ciento por ciento inocua, y la actuación, aunque respete al pie de la letra el libreto escrito por Zenón, introduce un inesperado suplemento de perplejidad. Es entonces, diría Borges, cuando una idea (filosófica, religiosa, científica, matemática) se transforma en un embrión de ficción y se vuelve literariamente **productiva**.

Ésos son los destellos que Borges multiplica en su obra "invisible", periodística, cada vez que trabaja con la doble frecuencia, cada vez que enfrenta un tópico de la cultura alta con el "ejemplo", la "ilustración", el "caso" que lo "traducen" al idioma accesible de la cultura popular. La traducción siempre es problemática: deja algo afuera, reduce, deforma. Esos contratiempos, dice Borges, son precisamente la fuente de toda nuestra confianza. La estrategia

Productiva Hay una idea, la idea es "traducida" por un ejemplo, y el ejemplo, acaso porque habla un idioma que no es el de la idea, pone en evidencia la extrañeza, la tortuosidad o el núcleo insensato de la idea. Ese chispazo es el equivalente de la fórmula de Coleridge que a Borges le gustaba tanto citar para definir el estado del lector: la suspensión de la incredulidad. Sólo que en este caso la fórmula se invierte, y lo que Borges suspende de inmediato es la credulidad. *No cree en la idea*, y esa misma incredulidad transforma la idea en un principio de ficción. De ahí el asombro, el provocativo pragmatismo con que Borges reaccionaba ante los que deducían de sus textos toda clase de convicciones y creencias religiosas, filosóficas, místicas, etc. "En cuanto a las teorías, creo que todas son legítimas o más bien que no importa ninguna. Lo que importa es lo que se hace con las teorías", decía. Borges, una vez más, demostraba haber aprendido bien

borgeana de la doble frecuencia (el truco traduce la metafísica, la lata de bizcochos el infinito, el género policial las leyes de la teología y de la mística, las vulgares, efímeras ortodoxias *fashion* de Teodelina Villar las doctrinas de Confucio y los dogmas talmúdicos) es la antítesis militante, belicosa, del famoso chiste en el que una mujer, al término de una conferencia de Einstein, se acerca al físico y le pide que le explique *en pocas palabras* la teoría de la relatividad. Einstein ensaya una reducción, pero la mujer sigue en las nubes. Ensaya una segunda, también en vano, y luego una tercera y una cuarta. A la quinta versión, la mujer sonríe. "Ahora entendí", declara con felicidad. "Pero eso, señora, ya no tiene nada que ver con la teoría de la relatividad", dice tristemente Einstein. Para el chiste, algo termina con esa quinta versión: la verdad muere con la felicidad de la mujer. Para Borges, en cambio, algo empieza: algo que tiene el carácter contrahecho, imperfecto y aun así (o precisamente por eso) revelador que el escritor encontra-

la lección de su padre, "un abogado bastante bueno" para quien, sin embargo, el Código Civil era como las leyes del whist o del póker, "una serie de formas convencionales que sabía cómo utilizar pero en las que no creía". El agnosticismo es condición de la ficción y es innegociable. Para explicar los obstáculos que entorpecían la escritura de un libro sobre el budismo con Alicia Jurado (*Qué es el budismo*, finalmente publicado en 1976), Borges recuerda: "No nos pusimos de acuerdo porque ella quería escribir ese libro a fin de convertir a la gente al budismo. Entonces, si yo encontraba rasgos pintorescos, ella decía que eso alejaría a la gente; pretendía separar todo lo que el budismo tiene de fantástico, para nosotros occidentales, tratando en el fondo de hacer una especie de catecismo budista. Yo, por el contrario, quería mostrar ese mundo extraño que es el mundo del budismo. [...] Yo quería hacer una exposición, y una exposición entretenida para el lector porque había cosas que me atraían por su extrañeza: toda la leyenda del Buda, la astronomía, la cosmología de los budistas, pero ella veía todo eso nada más que desde el punto de vista ético...".

ba, por ejemplo, en sus propias "traducciones" infantiles de los arquetipos de Platón: "Cuando por primera vez leí *La República*, cuando por primera vez leí sobre arquetipos, sentí una especie de miedo. Cuando leí, por ejemplo, sobre el triángulo platónico, aquel triángulo era para mí un triángulo en sí mismo, ¿no? Quiero decir que no tenía tres lados iguales, dos lados iguales o tres lados desiguales. Era una especie de triángulo mágico hecho de todas aquellas cosas y, sin embargo, no obligado a ninguna de ellas, ¿verdad? Me di cuenta de que todo el mundo de Platón, el mundo de las cosas eternas, era de alguna manera misterioso y terrorífico". Ocupar las dos frecuencias a la vez es sin duda la gran premisa táctica del contrabandista, que usa una para disimular, encubrir, mantener oculta a la otra hasta el final, hasta que al final —como sucede en muchos relatos de Borges— el lector descubra que la historia que estuvo leyendo no era la que creía estar leyendo sino otra, una historia silenciosa, fatal, sorprendente, que viajó clandestinamente en las entrañas de la primera. Sólo que Borges no se conforma con contrabandear, o quizá descubre, más proféticamente, la dimensión *pedagógica* que encierra el contrabando. No es la Verdad de la metafísica la que "pasa" a través del ejemplo del truco, ni el infinito sobrevive intacto al tamiz de la lata de bizcochos. Pero en el chisporroteo entre la idea y su encarnación, entre la alta cultura y las ilustraciones populares, nace algo que se llama *ficción:* algo que está hecho de traducciones fallidas, de insuficiencias, de reciprocidades incongruentes, pero que es más capaz que cualquier otra cosa de hospedar ideas, conceptos, fórmulas, todas las abstracciones del mundo, y de darles un rostro y un nombre y de hacerlos viajar rápido, muy rápido, más rápido que la luz.

Nueve

Loca erudición

Años, décadas enteras consagradas a pensar en la erudición de Borges, o no a pensarla sino, por el contrario, a darla por sentada, a reproducir los valores que el sentido común asocia con la erudición —"cultura", "elitismo", "hermetismo", "academicismo"—, para que Borges, por fin, o no exactamente él sino esos textos de Borges que vuelven, afloran, ascienden, que no cesan de salir a la superficie, oscuros y arrogantes, empujados por el entusiasmo un poco prepotente de la revancha, llegados desde las profundidades del periodismo popular, las revistas de interés general, los diarios, para que esos textos, por fin, muestren con toda la crudeza de su luz —¡un Borges auténtico entre cremas de belleza!— que la erudición borgeana es *otra cosa*, fue *siempre* otra cosa, y no sólo en ese campo de batalla del periodismo sino también, y sobre todo, en el espacio autosuficiente y soberano de la alta literatura...

¿Y si la gran pasión de Borges, pasión de traficante y de maestro, hubiera sido transmitir, propagar, divulgar? Todo el empeño invertido en señalar cómo Borges, mediante el despliegue de su erudición, aleja la literatura del lector, del público, del "pueblo", ¿no debería reinvertirse en el trabajo de mostrar justamente lo contrario: cómo Borges siempre está buscando *acercarse*, cómo inventa técnicas de reproducción, maneras nuevas de traducir, canales de transmisión inéditos, formas de circulación y de divulgación de un capital de saber que ni siquiera reconoce como propio? "Soy un hombre semiinstruido", ironiza Borges cada vez que alguien, hechizado por las citas, los nombres propios y las bibliografías extranjeras, lo pone en el pedestal de la autoridad y el conocimiento. Una cierta pedantería aristocrática resuena en la ironía, pero también una pose de poder, el tipo de satisfacción que experimenta un estafador cuando comprueba la eficacia de su estafa. Y la estafa consiste, en este caso, en la prodigiosa ilusión de saber que Borges produce manipulando una cultura que básicamente es *ajena*. Cultura de enciclopedia (aunque sea la ilustre *Britannica*), esto es: cultura resumida y faenada, cultura del resumen, la referencia y el ahorro, cultura de la parte (la entrada de la enciclopedia) por el todo (la masa inmensa de información que la entrada condensa). En más de un sentido, por sofisticadas que suenen en su boca las lenguas y los autores y las ideas forasteras, Borges —la cultura de Borges— se mueve siempre con comodidad dentro de los límites de un concepto *Reader's Digest* de la **cultura**. Borges no

Cultura   Más de una vez Umberto Eco ha declarado la deuda que sus novelas mantienen con Borges. Tal vez tanta insistencia no sea del todo necesaria: la estructura enciclopédica de la ficción de Eco, modelada por saberes contemporáneos como la semiótica o la teoría de la información, puede leerse hoy como el modo en que el capital de cierta "herencia Borges" sigue reproduciéndose en la literatura contemporánea, y también como uno de los indicios a seguir para comprender hasta qué punto la

deja de evocar, cuando rememora sus primeras lecturas, los deleites que le deparaba la undécima práctica de Borges profetizaba, ya a mediados de los años cuarenta, cierta "condición posmoderna" en la relación entre la narrativa y los saberes. edición de la *Enciclopaedia Britannica*. Sin duda las prosas de Macaulay o la de De Quincey —dos de los ilustres *contributors* que hicieron de ésa una edición única, histórica— tuvieron mucho que ver con ese deslumbramiento de infancia. Pero si la *Britannica* es el modelo de la erudición borgeana, es porque lo que Borges aprende allí, de una vez y para siempre, no son tanto los lujos de una escritura noble como los secretos para operar en una doble frecuencia simultánea: en el "estilo" y en la reproducción, en la alta literatura y en el proyecto divulgador, popularizador, que encierra toda enciclopedia, desde la *Britannica* hasta el *Lo sé todo*.

La otra gran diferencia que impone la erudición borgeana es de *humor*. Una vez más, como es costumbre en Borges, el gran enemigo es la tristeza mediocre del sentido común. El *se sabe que...* Se sabe que el saber, en un contexto "imaginativo" como la literatura y el arte, no tiene en general buena prensa. Se lo asocia con la gravedad, con el tedio, con la disciplina; se lo condena a ejercer, languideciendo, una rigurosa burocracia de protocolos y trámites anodinos: ordenar, clasificar, agrupar o categorizar. La única cara del saber que irradia algún *glamour* es la cara "capitalista": la fase de adquisición, de acumulación de información y conocimiento. Pero es inaccesible. El resto —el *ejercicio* del saber, esa momificación en vida— mejor perderlo que encontrarlo. Si al menos prometiera algo... Pero del otro lado del saber, a lo sumo, hay algo de "autoridad", el dudoso privilegio de hablar en primera persona y en nombre de la verdad, de la verdad restringida y patética de feudos como la lógica, la filosofía, la historia de las ciencias... Autoridad, pues, y orden: ¡la antítesis misma de la "imaginación"! A menos que...

En algún momento de los años sesenta, un profesor francés, hasta entonces especializado en describir cómo Occidente produce esa peculiar forma de identidad humana llamada *locura*, tropieza casi sin darse cuenta con un texto de Borges. Es Michel Foucault, y el texto de Borges en el que cae es "El idioma analítico de John Wilkins", uno de los ensayos del libro *Otras inquisiciones*, de 1952. Foucault queda pasmado ante ese texto que parece agotar todos los lugares comunes de la glosa erudita. Puesto a reivindicar a un **pensador recóndito**, Borges, previsiblemente, empieza mencionando la *Encyclopaedia Britannica* (que ha suprimido toda mención de Wilkins), resume la biografía de su personaje en algunas "felices curiosidades", repasa sus fuentes a vuelo de pájaro y se mete de lleno en la feliz, olvidada curiosidad

Pensador recóndito   El 7 de julio de 1939, bastante antes de consagrarlo para siempre en el ensayo de *Otras inquisiciones,* Borges presenta en sociedad a John Wilkins desde las páginas de *El Hogar*. El pretexto —la noticia de la ampliación de cierto aeródromo militar inglés— es tan tenue que da risa, pero el inesperado contraste —¡un obispo inglés del siglo XVII entre sartenes y sábanas!— sirve para resaltar todavía más las excentricidades del personaje: Wilkins obispo de Chester, rector del Wadham College de Oxford y cuñado de Cromwell; Wilkins precursor del vuelo mecánico (en un libro de 1640 postula la posibilidad de viajar a la luna), criptógrafo, catalogador del universo. Wilkins utopista.

que justifica esas tres páginas: el idioma universal inventado por Wilkins hacia 1664. El ensayo sigue de cerca sus premisas, sus procedimientos, su proceso de fabricación, hasta que llega a las 40 categorías en las que Wilkins ha decidido clasificar el mundo para garantizar que su idioma corresponda apropiadamente con él. "Consideremos la octava categoría, la de las piedras. Wilkins las divide en comunes (pedernal, cascajo, pizarra), módicas (mármol, ámbar, coral), preciosas (perla, ópalo), transparentes (amatista, zafiro) e insolubles (hulla, greda y arsénico)". El texto, hasta entonces respetuosamente descriptivo, de golpe parece inquietarse: "Casi tan alarmante como la octava", escribe Borges, "es la novena categoría. Ésta nos revela que los metales pueden ser imperfectos (bermellón, azogue), artificiales (bronce, latón), recrementicios (limaduras, herrumbre) y naturales (oro, estaño, cobre)". Algo en la teoría de Wilkins no anda del todo bien, algo *patina*, pero Borges, en vez de retroceder, de guarecerse, da un paso adelante y lo *sigue*: va con Wilkins hacia ese *más allá del saber* que acaba de insinuarse. "Esas ambigüedades y deficiencias recuerdan las que el doctor Franz Kuhn atribuye a cierta enciclopedia china que se titula *Emporio celestial de conocimientos benévolos*. En sus remotas páginas está escrito que los animales se dividen en a) pertenecientes al Emperador, b) embalsamados, c) amaestrados, d) lechones, e) sirenas, f) fabulosos, g) perros sueltos, h) incluidos en esta clasificación, i) que se agitan como locos, j) innumerables, k) dibujados con un pincel finísimo de pelo de camello, l) etcétera, m) que acaban de romper el jarrón, n) que de lejos parecen moscas". El profesor Foucault estalla en carcajadas. Difícil imaginar una risa más fértil: ha nacido *Las palabras y las cosas*, uno de los libros más influyentes del pensamiento occidental **contemporáneo**.

Para averiguar qué hay en el texto de Borges tal vez sirva pensar en la pregunta que nos hacemos después de leerlo. Y esa pregunta no es: ¿qué quiere decir?, sino: *¿qué pasó?* Es decir: la misma

Contemporáneo "Este libro nació de un texto de Borges. De la risa que sacude, al leerlo, todo lo familiar al pensamiento —al nuestro, al que tiene nuestra edad y nuestra geografía—, trastornando todas las superficies ordenadas y todos los planos que ajustan la abundancia de seres, provocando una larga vacilación e inquietud en nuestra práctica milenaria de lo Mismo y lo Otro". (Prefacio de *Las palabras y las cosas,* 1966).

pregunta que nos hacemos después de un milagro, un cataclismo, un desmayo. (Tal vez no sea una misión para lectores sino para el dúo Mulder y Scully de *Expediente X*). "Todo iba bien... estaba leyendo... un filósofo inglés... inventó un idioma universal... cuarenta categorías... clasificación... y de repente...". *De repente el pensamiento se salió de sus goznes.* Hizo implosión, colapsó, agujero negro, Big Bang: poco importa cómo se llame; lo cierto es que de golpe entramos en otra dimensión. Foucault habla de *risa*, y la palabra es ajustada: señala bien el efecto *físico,* de convulsión, que puede provocar un acontecimiento aparentemente tan inmaterial como una operación literaria. Borges hace exactamente eso: instalar la risa en el corazón del pensamiento. Pero instalarla como una combustión o un tornado: algo irresistible, algo que atrae, que arrastra, que embriaga, una llamarada de la que nunca nadie será capaz de reírse porque ella misma es risa, risa pura, perpleja, insensata, risa que nos rapta y nos transporta a un lugar que está fuera del pensamiento. La clasificación de la enciclopedia china es la gran *performance* de la erudición borgeana, el punto en el que el saber, fiel, más que nunca, al tedio de sus costumbres, a la lentitud disciplinada de su lógica, tropieza de pronto con un punto ciego, gira en el vacío, se acelera y *enloquece*. Sólo que el punto ciego no es un accidente exterior: está *en* el saber, agazapado en alguno de sus pliegues, acechándolo siempre desde adentro. El punto ciego es el escándalo de la razón *en la razón*: lo que transforma la erudición en vértigo. ¿Borges escritor erudito? Sin duda, siempre y cuando la erudición recupere la fisonomía que le es propia: un páramo de ruinas y perplejidad donde flota el humo de una risa loca.

Pero John Wilkins no está solo. Forma parte de una respetabilísima familia de criaturas borgeanas, quizá las únicas que hagan honor a un rubro —el rubro "personajes"— que en la literatura de Borges no goza particularmente de prestigio. Es una familia de filósofos, hombres de ciencia, pensadores, eruditos, artistas, inventores —algunos, verdaderos profesionales de su pasión, otros simplemente diletantes— que, movidos por las mejores intenciones, conciben *una* idea (generalmente una *sola*), la llevan adelante, la extreman, hasta que una vez allí, *en el límite*, la idea crepita, entra en cortocircuito, envenena su propio engranaje y **fracasa**, ya sea arrastrándolo todo a la ruina, ya sea desvaneciéndose en el aire suavemente, sin dejar rastros. Son sabios idiotas, talentos desperdiciados, artistas fanáticos del error y la insensatez; los hermana una pasión común, que muchas veces ignoran pero que consuman con una en-

Fracasa Borges a Victoria Ocampo: "Cuando era chico se hablaba mucho de *ratés* —no se usaba la palabra 'fracasados' sino la francesa '*ratés*'—; yo oía hablar de los 'ratés' y me preguntaba con inquietud: '¿Llegaré yo alguna vez a ser un '*raté*'?' Ésa era mi máxima ambición".

vidiable convicción: despertar, en la razón, esas fuerzas paradojales que la dan vuelta **como un guante**. Algunos, como Wilkins, son personajes reales, históricos: Ramón Llull, por ejemplo, que a fines del siglo XIII inventó la "máquina de pensar". El invento, que según los diagramas reproducidos por Borges en *El Hogar* se parece peligrosamente a una ruleta de barquillero, es una imaginativa variación de las magias combinatorias: hay tres

Como un guante Richard Burgin: "Desde luego, parece que mucha gente vive y muere sin pensar jamás en problemas de tiempo, espacio o infinitud". Borges: "Bueno, porque dan por supuesto el universo. Dan todo por supuesto. Incluso se dan por supuestos ellos mismos. Es así. Jamás se preguntan nada, ¿verdad? No piensan que sea extraño el hecho de vivir. Recuerdo que la primera vez que me di cuenta de ello fue cuando mi padre me dijo: '¡Qué fenómeno peculiar el que esté viviendo, como se dice, detrás de mis ojos, dentro de mi cabeza, me pregunto qué sentido tiene!' Y entonces fue la primera vez que fui consciente de ello, e inmediatamente me di cuenta, porque sabía de qué estaba hablando. Y la gente dice: 'Bueno, muy bien, pero ¿en qué otro sitio vas a vivir?'".

discos giratorios, concéntricos y manuales, hechos de madera o de metal, con quince o veinte cámaras cada uno, que a su vez encierran regiones o simples categorías de pensamiento. Hacer girar los discos es pensar; es delegar en el azar la penosa génesis de cualquier idea. El mecanismo, escribe Borges, es completamente incapaz de "un solo razonamiento, siquiera rudimental o **sofístico**". Hay otros, que la obra de Borges visita en ensayos breves, en un par de líneas de un cuento o en menciones esporádicas, a menudo

Sofístico No es casual que las ambiciones estériles de Ramón Llull reaparezcan en *La sinagoga de los iconoclastas* de J. R. Wilcock, tal vez el libro más delicioso que la literatura argentina haya dado sobre la tradición de los sabios idiotas. Wilcock, que era argentino, vivió largo tiempo y murió en Italia, en cuya lengua escribió prácticamente sus libros más impor-

mezclándolos con personajes de ficción, como si especulara con los posibles efectos de ese roce de contextos, y cuyas vidas monomaníacas Borges parece condensar no en "dos o tres escenas", como en *Historia universal de la infamia*, sino en el concepto único que las fascina: el infinito en J. W. Dunne y en F. H. Bradley, dos de los filósofos que Borges convoca para desentrañar los

tantes. En Buenos Aires formó parte del círculo de la revista *Sur*, aunque manteniéndose siempre en el borde más alejado del centro, casi a punto de caerse. Fue amigo de Borges y tal vez uno de sus lectores más oblicuos y sagaces: de ahí que su literatura "recuerde" a Borges —sobre todo a la veta *menardiana* de Borges— sin deberle absolutamente nada. Organizados como galerías de retratos en miniatura, los libros de prosa de Wilcock trazan una verdadera historia universal de la extravagancia. Son colecciones de lunáticos que se aferran con uñas y dientes a una idea, una obsesión, un proyecto, y que sacrifican todo con tal de llevarlos a cabo. Como Llull, como John Wilkins, los personajes de Wilcock son utopistas desaforados, sin chance.

experimentos literarios de un escritor apócrifo llamado Herbert Quain, pero también en Zenón, que se pasa la vida subdividiendo el espacio, o en Platón, que coincide con Bradley e imagina una especie regresiva, los Autóctonos, que pasan de la vejez a la madurez, de la madurez a la niñez y de la niñez a la desaparición y a la nada... En realidad, bajo la mirada de Borges, todos los sabios del mundo pueden ser sabios idiotas. También Benedetto Croce, "estéril pero brillante"; también los alemanes, autores de "enormes edificios dialécticos, siempre infundados pero siempre grandiosos". También Leibniz y Spinoza; también Demócrito, con el vértigo de su paradoja del mentiroso. Como es costumbre en él, Borges evita repetir, cuando monitorea la historia del pensamiento, la discriminación "oficial" que aparta a los grandes nombres de los nombres menores; lo que hace, más bien, es rastrear los conceptos que, como el de *infinito*, "corrompen y desatinan a los otros", los momentos en que la historia del pensamiento trata de pensar y se hunde sin remedio en los "tenues y eternos intersticios de la sinrazón". Los sabios idiotas de Borges no son idiotas que juegan a pensar; son pensadores idiotizados por el pensamiento mismo, por el ejercicio encarnizado, intransigente y brutal del pensamiento: han ido demasiado lejos, han llevado el pensar y el pensamiento hasta el límite, un límite donde el pensamiento coincide con la imposibilidad de pensar, donde el pensamiento más profundo y la idiotez más idiota son exactamente lo mismo y están como arrasados, devastados por una especie de estupor interminable.

Hay que incluir a Pierre Menard en la familia, sin duda, y en qué posición de privilegio. Porque ¿cómo describir a Menard? ¿Como el más veloz de los genios o como el idiota más lento? ¿Y qué es su obra maestra invisible, la redacción del *Quijote*? ¿Una idea extraordinaria? ¿Un chasco imbécil? ¿Y Nils Runeberg, el pobre, majestuoso protagonista de "Tres versiones de Judas", que dedica su vida a sostener y a probar, contra todos los teólogos del mundo, que todas las cosas que la tradición le atribuye a Judas son falsas? De haber vivido en otro tiempo y otro lugar, escribe Borges, Runeberg probablemente habría sido alguien, un "heresiarca menor", al menos. Pero "Dios le deparó el siglo xx y la ciudad universitaria de Lund", y sus tesis son, a la vez, "ligeros ejercicios inútiles de la negligencia" y "blasfemias" atroces, insensatas, de un particularismo que linda con la idiocia más extrema... Pero el mundo lo refuta y Runeberg, que no se arrepiente, piensa una versión nueva para su idea: Dios se hizo hombre, sostiene, y eligió el destino más ínfimo e infame: ser Judas. El mundo, cansado, acoge la corrección con una indiferencia total. Runeberg entiende que esa indiferencia no puede no ser obra de Dios y muere, "ebrio de insomnio y de vertiginosa dialéctica".

Si hay alguien en la literatura de Borges que merece el nombre de *héroe*, son estos personajes-*border*, suspendidos entre la gloria y el ridículo, la discapacidad y el prodigio, la grandeza y la insensatez. Pierre Menard, Herbert Quain (que "lo sacrifica todo a un furor simétrico"), Runeberg, el mismo Funes, "Zarathustra cimarrón" de Fray Bentos que, imbecilizado por una memoria insomne, "no era muy capaz de pensar" pero sí de emprender un proyecto único, "insensato" porque interminable, pero de "cierta balbuciente grandeza": catalogar todas las imágenes del recuerdo. (Como al pasar, como quien invoca un antecedente familiar, Borges menciona el proyecto análogo que postuló y rechazó Locke, otro sabio idiota, en el siglo XVII). Son todos héroes menores, que viven y mueren sin ningún reconocimiento; todos persiguen una idea fija, obsesiva, por la que son capaces de sacrificarlo todo; todo lo que hacen lo hacen gratuitamente, a pura pérdida, a la manera de un lujo suicida; son radicales: ninguna negociación, cero transigencia; son subversivos (van siempre contra el sentido común, contra la ortodoxia, contra el dogma) y están siempre fuera de contexto, desubicados, "en banda"; y todos comparten una suerte de mesianismo común: llevar al límite una disciplina, una práctica, una forma de pensamiento, una experiencia.

Ese límite es exactamente lo que Herbert Quain

tiene en mente cuando hace su célebre confesión: "No pertenezco al arte sino a la historia del arte". Y si la risa de Foucault estalla precisamente ahí, en ese borde, entonces no hay razón para adjudicarle a la frase de Quain ninguna melancolía, y muchas, en cambio, para despojarla del tono condescendiente con que Borges la usó más de una vez, para relativizar el valor de las extravagancias del arte contemporáneo: Quain, pero también Joyce y todos los "experimentalismos" que decía ignorar y de los que fue contemporáneo. Creando su propia familia de imbéciles (y enriqueciéndola a menudo con los cocientes intelectuales más reconocidos de la cultura occidental), sin embargo, Borges se interna de lleno en una constelación que ocupa el centro de la modernidad literaria: la constelación de la risa, el límite y el idiota. Borges no habla de Raymond Roussel, ni de Robert Walser, ni de Witold Gombrowicz —tres nativos ilustres de la constelación—, pero sí de Gustave Flaubert —que de algún modo la descubrió— y de *Bouvard y Pécuchet*, la gran novela borgeana que Flaubert dejó inconclusa. Todos los recelos y las ironías de Borges hacia las rarezas del arte contemporáneo deberían leerse a la luz de "Vindicación de *Bouvard y Pécuchet*", un ensayo de 1954 que Borges, en la primera edición de sus *Obras completas*, decide mudar al libro *Discusión*, de 1932. Borges resume la novela de Flaubert y en ese resumen, como pasa siempre con Borges, está *todo*: "La historia de Bouvard y de Pécuchet es engañosamente simple. Dos copistas (cuya edad, como la de Alonso Quijano, frisa con los cincuenta años) traban una estrecha amistad. Una herencia les permite dejar su empleo y fijarse en el campo, ahí ensayan la agronomía, la jardinería, la fabricación de conservas, la anatomía, la arqueología, la historia, la mnemónica, la literatura, la hidroterapia, el espiritismo, la gimnasia, la pedagogía, la veterinaria, la filosofía y la religión: cada una de esas disciplinas heterogéneas les depara un fracaso al cabo de veinte o treinta años. Desencantados (ya veremos que la 'acción' no ocurre en el tiempo sino en la eternidad), encargan al carpintero un doble pupitre, y se ponen a copiar, como antes". Borges mata dos pájaros de un tiro: resume todo *Bouvard y Pécuchet* y resume todo Borges, todo lo que Borges reconoce como herencia *moderna* de Flaubert. Pero ahí están también el saber sin la creencia, la enciclopedia como red infinita, el fracaso y el desencanto, la copia, la catatonia mesiánica, la obstinación sin desmayos del idiota... "El frenesí de llegar a una conclusión es la más funesta y estéril de las manías", escribe Flaubert citado por Borges, que agrega: "Dos absurdos copistas pueden representar a Flaubert y también a Schopenhauer o a Newton".

También a Pierre Menard, y a Runeberg, y a Funes el memorioso, y esencialmente a todos los artistas que forman esa deslumbrante enciclopedia de idiotas que son las *Crónicas de Bustos Domecq*. ("A esos tres grandes olvidados: Picasso, Joyce, Le Corbusier", dice la dedicatoria, y ahí está todo el tono del libro, escrito "como si el narrador casi no entendiera lo que está diciendo". Así, el blanco de Borges y Bioy no son los "experimentalismos"

Bustos Domecq A fines de 1936, cuando llevan cinco años de amigos, Borges y Bioy Casares pasan una semana en la estancia que los Bioy tienen en Pardo. Objetivo: redactar, según Bioy, "un folleto comercial, aparentemente científico, sobre los méritos de un alimento más o menos búlgaro". Un yogur La Martona, como se llamaba la cadena de bares lácteos de Marta Casares, la madre

de la vanguardia, sino más bien la arrogante, lunática fertilidad de una época que prefiere darlos por olvidados). El repertorio de las *Crónicas* incluye, entre otros, a César Paladión, que toma a la letra la manía contemporánea de citar y publica con su firma clásicos ajenos como *La cabaña del tío Tom* o *Las geórgicas;* a Ramón Bonavena, cuyo afán de realismo es tan imperioso que invierte seis tomos en describir un simple ángulo de su escritorio; a Nierenstein Souza, que escribe mal a propósito porque confía en las invenciones y el criterio del tiempo; al joven Urbas, que gana un concurso de poesía cuyo tema es "La Rosa" mandando una rosa; a Loomis, cuyas obras constan de una sola palabra: el título; al doctor Baralt, inventor del gremialismo, que, como la enciclopedia china que sacudió a

de Bioy. "Hacía frío, la casa estaba en ruinas, no salíamos del comedor, en cuya chimenea crepitaban ramas de eucaliptos", recuerda Bioy. "Aquel panfleto significó para mí un valioso aprendizaje; después de su redacción yo era otro escritor, más experimentado y avezado". Del proselitismo publicitario, el dúo pasa a acometer un desafío más exigente: "un soneto enumerativo en cuyos tercetos no recuerdo cómo justificamos los versos: *Los molinos, los ángeles, las eles*". Por fin, despachada la lírica, Borges y Bioy arremeten con el plato fuerte y empiezan a planear "un cuento policial —las ideas eran de Borges— que trataba de un doctor Praetorius, un alemán vasto y suave, que por medios hedónicos (juegos obligatorios, música a toda hora) torturaba y mataba niños. Ese argumento, nunca escrito, es el punto de partida de toda la obra de Bustos Domecq y Suárez Lynch". Los seudónimos, formados con los apellidos de los bisabuelos de ambos, designan algo más que un par de máscaras ociosas: son verdaderos alias, nombres-salvoconducto bajo los cuales Borges y Bioy pueden ser otros. "Hizo su aparición un tercer hombre de nombre Honorio Bustos Domecq", cuenta Borges, "quien pasó a dominar la situación. A la larga, terminó por dirigirnos con mano férrea y para nuestro regocijo, primero, y nuestro espanto después, terminó por no parecérsenos en nada, manifestando sus propias peculiaridades y su propio estilo literario". Versión "alternativa" de las literaturas de Borges y de Bioy, la obra de Bustos Domecq y Suárez Lynch se escribe bajo el sig-

Foucault, clasifica el género humano en categorías infinitas e irrisorias; a Antártido A. Garay, artista conceptual cuyas obras se limitan a ser una porción de ciudad entre las calles Solís y Pavón o lo que se le ocurra seleccionar a su ojo... Borges, a propósito de *Bouvard y Pécuchet*, recordaba la declaración de propósitos de Flaubert: revisar todas las ideas modernas. Eso es exactamente lo que hace con Bioy en las *Crónicas de Bustos Domecq*: computar una por una las operaciones por las que el arte contemporáneo *se sale* del arte, tropieza con su propia imposibilidad y se inscribe, para decirlo con palabras de Quain, en la historia del arte. Pero a la vez, así como Borges leía en la pareja de copistas imbéciles una representación de Flaubert, de Schopenhauer o de Newton, ¿cómo evitar leer en las maquinaciones idiotas de Bonavena, de Paladión, del crítico Hilario Lambkin, la versión-límite

no radical del *exceso*: exasperación de las convenciones especulativas del policial británico (*Seis problemas para don Isidro Parodi*, de 1942, y *Un modelo para la muerte*, de 1946), transformación del habla argentina en un idiolecto psicótico (*Dos fantasías memorables*, de 1946, y *Nuevos cuentos de Bustos Domecq*, de 1977), fundación del enciclopedismo idiota (*Crónicas de Bustos Domecq*, 1963). Y la sangre del exceso, por supuesto, es la risa, la carcajada barroca, alucinatoria, de Bustos Domecq: "Escribíamos un poco para nosotros mismos", dice Borges, "y como eso ocurría en una atmósfera de bromas, los cuentos se hicieron tan imposibles de desarrollar, y tan barrocos, que resultaba muy difícil comprenderlos. Al comienzo hacíamos bromas, y después bromas sobre bromas, como en el álgebra: bromas al cuadrado, bromas al cubo...". Silvina Ocampo ha contado más de una vez el estupor, la envidia que le despertaban las carcajadas que oía del otro lado de la puerta del estudio donde Bioy y Borges se encerraban a escribir. Constituir la risa como ambiente, como elemento, como *contexto*: eso es lo que Borges consigue con Bustos Domecq, y eso es lo que Bustos Domecq, a su vez, ilumina en la literatura "seria" de Borges. ¿No fue Bioy quien evocó que Borges contó por primera vez el argumento del Pierre Menard en una de aquellas sesiones dionisíacas de literatura y de risa?

de ese arsenal de llaves y paradojas con que el mismo Borges siempre puso la literatura al borde de sí misma?

Borges lleva el borgismo al límite y se vuelve *irreconocible*. ¿Es él? ¿Es el mismo escritor a propósito del cual el sentido común, para enaltecerlo o para repudiarlo, invoca razones de estado como la Erudición, la Cultura, el Estilo? No, no exactamente. Las *Crónicas* son de Honorio Bustos Domecq, y todo el mundo sabe los extraños milagros que una sociedad secreta y un seudónimo pueden lograr cuando garantizan cierta **impunidad**. Pero quizás el problema —o la clave— sea que todo lo que Borges escribió como Bustos Domecq sigue siendo considerado como una zona marginal de su obra, y la alianza con Bioy Casares una suerte de *playroom* donde dos escritores ociosos matan el tiempo tejiendo frivolidades entretenidas: *riéndose*. Y Borges, mucho más que Bioy, fue y sigue siendo un escritor *serio*. Su risa sólo era, sólo es escuchada en su obra como un condimento lateral, una suerte de lubricante necesario para mitigar efectos abrumadores, o como un placer

Impunidad   En 1947, en pleno régimen peronista, Bustos Domecq politiza la condición seudónima: escribe el cuento "La fiesta del monstruo", pasa a la clandestinidad y transforma el seudónimo en un *nombre de guerra*. El relato, que sólo circula de mano en mano, en ejemplares mecanografiados, pone en escena a un "muchacho peronista" que narra en primera persona los ajetreos eufóricos de un día de manifestación. La escena culminante es el asesinato más o menos grupal de un joven judío, efectuado con ayuda de una "cortaplumita". El texto es feroz, de una crueldad insoportable, pero lo que más asombra es el *goce siniestro* con que Borges y Bioy son capaces de ponerse en el lugar del otro —el otro odiado, *parodiado*: el "monstruo" peronista—, de inventarle una lengua (un idioma bestial, hipermetafórico, desopilante, como si el "aluvión zoológico" hubiera encarnado en la voz de Góngora) y de usarla para contar con lujo de detalles el calvario de una víctima con la que se supone que ellos, antiperonistas furiosos, deberían estar identificándose.

y un talento exteriores a la obra, puramente orales, condenados a liberarse en forma de *boutades* en los contextos
coyunturales de las entrevistas, los diálogos públicos, las
conferencias. Decir que las *Crónicas de Bustos Domecq* son
parodias no mejora las cosas. "Parodia" suena a burla, a
juego, y en la medida en que no se integre a una teoría
de la risa seguirá siendo un eufemismo, áspero pero infantil, de "pasatiempo". Borges, por otra parte, siempre
se negó a usarlo. Alguna vez, hablando de las *Crónicas*,
dijo: "Todos los personajes son imaginarios y muy ac-
tualizados, muy modernos: se toman a sí mismos muy en
serio, y lo mismo le ocurre al escritor, pero en realidad
no son parodias de nadie. *Simplemente, vamos tan lejos como
podemos*". "Hilarizar" a Borges, restituirle toda la carga
de risa que sus páginas hacen detonar en nosotros, rea-
nudar la circulación de ese flujo cómico que permanece
encapsulado: en una palabra, *idiotizar* a Borges de una
vez por todas, del mismo modo en que Borges idiotizó a
Flaubert y Flaubert a Bouvard y a Pécuchet. Tal vez ésa
sea *nuestra* manera de ir con él tan lejos como podemos.

Índice